智元微库
OPEN MIND

成 长 也 是 一 种 美 好

静水流深

高水平对外投资的实践逻辑

STORY OF HIGH-LEVEL OVERSEAS
INVESTMENT OF
CHINESE ENTERPRISES

谢琳灿 著

人民邮电出版社

北京

图书在版编目（ＣＩＰ）数据

静水流深 ： 高水平对外投资的实践逻辑 / 谢琳灿著
. -- 北京 ： 人民邮电出版社，2022.12
ISBN 978-7-115-60383-8

Ⅰ．①静… Ⅱ．①谢… Ⅲ．①对外投资－研究－中国
Ⅳ．①F832.6

中国版本图书馆CIP数据核字(2022)第204010号

◆ 著　谢琳灿
　责任编辑　林飞翔
　责任印制　周昇亮
◆ 人民邮电出版社出版发行　　北京市丰台区成寿寺路 11 号
　邮编 100164　　电子邮件 315@ptpress.com.cn
　网址 https://www.ptpress.com.cn
　天津千鹤文化传播有限公司印刷
◆ 开本：720×960　1/16
　印张：15.25　　　　　　　　2022 年 12 月第 1 版
　字数：280 千字　　　　　　 2022 年 12 月天津第 1 次印刷

定　价：68.00 元
读者服务热线：（010）81055522　印装质量热线：（010）81055316
反盗版热线：（010）81055315
广告经营许可证：京东市监广登字20170147号

天下之事，因循则无一事可成；

奋然为之，亦未必难。

——（明）归有光

前言

————

中国企业对外投资起步于 20 世纪八九十年代。当时主要是少数具有远见卓识的相关领域龙头企业，在自身实力仍然相对弱、对国际市场也比较生疏的情况下，率先走出国门，开启了中国企业对外投资的早期探索。

1986 年，中国国际信托投资公司收购澳大利亚波特兰铝厂 10% 的股权，是中国企业海外投资的最早探索。

1992 年，首钢集团有限公司收购了秘鲁马科纳铁矿，被认为是中国国有企业并购外国公司的第一单。

1993 年，中国石油天然气集团有限公司（以下简称中石油）中标了第一个海外油田项目——秘鲁塔拉拉油田。这是中国油气企业海外投资合作的首次"亮相"。

1996 年，时任华为公司副总裁徐直军带队开拓莫斯科市场，开启了以俄罗斯市场为起点，主动拓展国际市场的新时代。

1999 年，海尔集团投资 3000 万美元，在美国南卡罗来纳州开工建设海尔生产中心。这是当时中国企业在美国的最大投资，也是首个中国企业在美国本土建设的制造工厂。

进入 21 世纪后，随着国家逐步建立"走出去"的政策支持体系，中国企业对外投资进入快速发展阶段。2002 年"走出去"战略正式提出，这极大地加速了中国企业海外投资的步伐。对外投资成为许多国内企业提升竞争力的重要渠道。

2008 年，国内工程机械龙头中联重科以 5.11 亿欧元收购世界排名第二的意大利混凝土机械生产企业 CIFA 公司 100% 股权，一举成为中国第一大混凝土机械制造商。

2013 年，中国印尼青山工业园正式启动建设。来自中国的青山控股以位于印尼苏拉威西岛的工业园为基础，逐渐发展成为全球最大的镍铁不锈钢生产企业。

2016 年，来自广东佛山的家电巨头美的集团以 292 亿元成功收购德国"工业明珠"——库卡机器人，成为美的集团整合国际先进技术，加速业务转型升级的里程碑。

2020 年，新冠肺炎疫情席卷全球，世界经济出现自 2009 年以来首次负增长，全球外国直接投资大跌 42%，中国对外直接投资却逆势增长，达到 1537.1 亿美元，投资流量首次位居全球第一位。尽管形势复杂，但走出国门的中国企业仍在捷报频传。对发展中国家而

言，中国企业投资有力地支持了当地经济社会的可持续发展，正在成为推动全球经济复苏的重要动力。

2020 年，来自中国的短视频应用程序 TikTok 风靡全球，在 App Store 和 Google Play 的下载量已经超过 20 亿次，全球月活跃用户 8 亿，覆盖 150 多个国家和地区。

2021 年，连接昆明和万象的中老铁路正式开通运营，这是第一条全线采用中国标准、使用中国设备的跨境铁路，老挝从此由"陆锁国"变为"陆联国"。

2021 年，中国国家电网公司在海外运营着巴西、菲律宾、葡萄牙、澳大利亚、意大利等 9 个国家和地区的骨干能源网，已经成为全球电力互联互通的倡导者和领跑者。

近年来，国内风电、光伏等清洁能源企业出海大幅提速，中国企业投资建设的中亚最大风电场、拉美光伏电站、迪拜太阳能项目等标杆性项目陆续投入运营，为当地实现可持续发展目标发挥了重要作用。

纵观整个发展历史，顺应经济全球化大趋势，中国企业对外投资[1]经历了从无到有、从小到大、从区域到全球、实现跨越式发展的过程。截至 2020 年年底，中国企业投资已经遍布全球 189 个国家和地区，企业境外资产总额 7.9 万亿美元，全球 80% 以上国家和地区都有中国的投资。

1.　本书所说的中国对外投资，均指中国企业对外直接投资，不包含对外证券投资等其他形式。

在世界经济的惊涛骇浪中，一部分走出国门的中国跨国企业，已经成为勇立潮头、逐浪而行的"弄潮儿"。以大型国有企业、骨干民营企业等为代表，中国本土跨国企业的成长，是中国经济与世界经济深度融合的产物。2021 年，进入"世界 500 强"榜单的中国企业数量达到 143 家，连续第三年超过美国居世界第一位。

打造立足全球配置资源的跨国企业，是新时代中国企业国际化发展的历史使命。尽管外部环境深刻复杂变化，但对强者来说，每一次危机都是一次深度洗礼，更是实现快速发展的良机。真正的全球领跑者，依托对行业规律的深刻洞察，每次历经危机后都变得更加强大，进一步拉开与身后追赶者的距离。

从企业更长远的发展角度看，在万物互联的时代，舞台的大小将决定企业参与全球竞争的成败。有实力的中国企业只有走出国门，到广阔的全球市场开展投资活动，尽可能地拓展发展空间，才能保持企业增长势头，确保企业在激烈的竞争中立于不败之地。

当前，国际环境的不稳定性、不确定性明显增加，新冠肺炎疫情的影响广泛深远，经济全球化遭遇阻力。在此背景下，中国企业对外投资面临前所未有、空前错综复杂的局面。

《菜根谭》有云，士人有百折不回之真心，才有万变不穷之妙用。对中国企业来说，万千繁华背后，唯有静水流深，才能在全球市场的广阔星辰大海中扎下根基，积蓄实力。走出国门，直面全球挑战，对企业来说，是多少煎熬、决心和韧性，是历尽艰辛、英雄本色，是埋头苦干、不问前程。

从国家发展角度看，以静水流深的智慧，坚持推动中国企业高水平对外投资，更是我们这个古老文明从大陆走向海洋，从东亚走向全球的时代担当和历史宿命。 正如我的一位师友所言，中国只有在成就世界时，才能成就自身。[1] 对此，我深以为然。

大道之行，天下为公。

我们需要从人类发展大潮流、世界变化大格局和中国发展历史的高度，来正确认识和处理中国同外部世界的关系。

人类的历史就是在开放中发展的。任何一个民族的发展都不能只依靠本民族的力量。只有处于开放交流之中，经常与外界保持经济文化的吐纳关系，才能得到发展，这是历史的规律。

改革开放 40 多年来，中国成功抓住经济全球化的历史机遇，深度融入全球经济体系，逐步形成稳定的投资环境、超大规模的国内市场、完善的制造业产业集群和一流的基础设施体系，实现了前所未有的经济高速发展，国家综合实力大幅提升。

截至 2021 年，中国已经成为世界第二大经济体、制造业第一大国、货物贸易第一大国、商品消费第二大国、第二大外资流入国和最大的外汇储备国。从经贸投资到人文交流，从官方到民间，中国以前所未有的速度、广度和深度走向世界，开展全方位、宽领域、多层次的对外交流合作，中国经济与世界经济已经深度融合。

---

1. 施展 . 破茧：隔离，信任与未来［M］. 长沙：湖南文艺出版社，2021.

中国离不开世界，世界也离不开中国。

当前阶段，中国正处于刚开启全面建成社会主义现代化强国，实现第二个百年奋斗目标新征程的关键性时期。从国家发展全局看，国内发展对主要战略性资源的需求巨大，某些领域的国内市场趋于饱和，部分产业走出去是必然趋势，海外利益在国家利益中的比重将持续上升。在统筹国际国内两个大局、拓展全球纵深发展空间的需求驱动下，对外投资在总体国家发展战略中的重要性稳步提升。

为了适应形势发展需要，中国企业对外投资也正在从过去的规模数量型增长，进入结构优化、提质增效的发展新阶段。

2020年，中国政府正式提出了要构建以国内大循环为主体、国内国际双循环相互促进的新发展格局。

在新发展格局下，推动高水平对外投资，提升国际循环质量和水平，都是确保国内国际双循环畅通的关键。

对中国来说，推动高水平对外投资，既要依靠世界资源，支持国内发展，又要发挥国内优势，促进共同发展。通过深化国际产业投资合作，可以促进国际国内要素有序自由流动、资源高效配置、市场深度融合，为构建双循环新发展格局注入活力，更加充分地释放国内市场的潜力和活力，同时共同把全球市场的蛋糕做大、把全球共享的机制做实、把全球合作的方式做活，务实建设开放型世界经济。

在本书开头第1章，笔者专门梳理了中国对外开放的发展历史。可以发现，稳步推动的渐进式开放是中国对外投资发展的国内背景。在这个过程中，随着中国企业的实力从弱到强，**站在新时代新起点，**

如何以高水平对外投资更好地服务构建双循环新发展格局，成为各方关注的重点。

　　为了回答这个问题，笔者提出了理解对外投资的跨国公司、母国和东道国的"三方关系"分析框架，并分别围绕资源能源、基础设施、制造业和数字经济四大领域，用四章介绍了企业对外投资的基本事实和发展轨迹。这些事实包括，相关领域开展对外投资情况、企业对外投资合作模式创新、未来对外投资的关键点和发展方向等。其中包含许多企业的鲜活故事。

　　在最后两章，笔者对中国企业对外投资的逻辑进行了总结，并探讨了助力高水平对外投资的关键路径。从企业角度看，对外投资通常有五大动机。改革开放以来，在市场经济发展的驱动下，中国本土跨国企业群体性成长，深度全球化成为打造"真正伟大的企业"的必然选择。顺应国内对外投资政策演进趋势，更好地发挥企业作用，积极参与国际规则标准制定，推动构建和完善"三位一体"的对外投资综合服务体系，才能助力拓展海外经济新空间，更好地服务双循环新发展格局。

　　读罢本书，你会发现，中国企业走出去的根本不是关于"走与不走"的选择题，而是一道"如何走"的开放式题目。

　　静水流深，方能成大格局。

　　未来如何，让我们拭目以待。

谢琳灿

2022 年 7 月，于北京

目录

1.

开放新时代的召唤

1793 年，英王派遣马戛尔尼使团来访，向当时的清朝统治者提出开放沿海若干口岸、进行自由通商的请求。但是，当时的清政府自诩为天朝上国，对外部世界已经发生的巨大变化充耳不闻，要求英国使团行中国传统"三拜九叩"之礼，遭到拒绝后更是直接驳回了英王的请求。史书上记载，乾隆皇帝回复说："天朝物产丰盈，无所不有，原不借外夷货物以通有无。"

　　马戛尔尼使团回到英国后，将其在中国的经历记录了下来，认为清政府已经腐朽不堪，"好比是一艘破烂不堪的头等战舰"，这直接改变了当时欧洲人对中国一贯以来的"仰视"看法。后来，英国开始大量开展对中国的鸦片走私。1840 年鸦片战争爆发，中国被英国的坚船利炮轰开了国门，逐渐沦为半殖民地半封建社会。

　　还有一个类似的故事。

　　加拉帕戈斯是一个孤悬于南美大陆西侧的太平洋群岛，因为长期与大陆隔绝，进化出了一套独有的生态系统，比如蜥蜴、海龟、海鸟等都是独有品种。有日本学者据此提出了"加拉帕戈斯化"概念，说明日本进入 21 世纪后全球竞争力下降的缘由。

该观点认为，日本企业由于在汽车、家电、半导体等领域取得巨大成功，技术领先优势明显，自信心极大提升，国民和企业甚至滋生了自满情绪，心态上逐渐趋向封闭。相对封闭的研发体系和对细节的偏执追求，使日本生产的许多产品都有自己的一套标准，与其他国家标准不兼容，甚至可能出现整个产业被世界产业体系孤立的情况，这导致日本的产品在全球市场最终丧失竞争力。日本手机在海外的全军覆没就是一个例证。

这两个故事，其实说的是同一个道理。

开放带来进步，封闭必然落后。这是经过古今中外历史验证的客观规律。对外开放是中国的基本国策，也是中国建立与外部世界交流互动的重要路径。改革开放 40 多年来，通过主动顺应和积极把握经济全球化历史性机遇，中国坚定不移地扩大对外开放，深入参与经济全球化进程，是受益者更是贡献者。

— **早期共识与探索** —

1978 年，十一届三中全会后，中国开启了改革开放和社会主义现代化建设新时期。[1] 在这个阶段，伴随着经济全球化的高速发展，中国

---

1. 本书编写组 .《中共中央关于党的百年奋斗重大成就和历史经验的决议》辅导读本 [M] . 北京：人民出版社，2021.

获得了一个前所未有的融入世界经济体系、以开放促改革促发展的机遇期。中国的对外开放从 20 世纪 80 年代的试点启动到 20 世纪 90 年代走向深化[1]，市场化改革和融入经济全球化成为带动中国经济"腾飞"的两大引擎。中国经济开始加入经济全球化，通过实施出口导向战略，以市场化试验为全国探路，积极引进新的技术、规则和制度，开启了从封闭型经济到外向型经济的转变。

对外开放的共识

20 世纪 70 年代末，我国在外交领域取得重大突破。随着中日缔约和中美建交，中国打通了进入世界主体市场的通道。20 世纪 80 年代，我国对外政策的中心目标发生转变，聚焦于为国内现代化建设争取一个有利的外部环境。当时世界处于相对和平的总体环境，国际格局正在发生新变化，大多数国家希望中国成为世界稳定的力量。同时，在经济上，许多工业化国家出现了结构调整和产业转移的趋势，经济全球化加速发展。

从国内看，在 20 世纪 70 年代末，大力发展生产力和解决民生问题的内部驱动力空前强劲，通过对外开放充分利用外部资源发展经济，重点引进发达国家的先进经验、先进科学技术和资金，成为国内各方

---

1. 隆国强 . 构建开放型经济新体制：中国对外开放 40 年［M］. 广州：广东经济出版社，2017.

逐步达成的共识。在这个时期，中国经济的发展基础相对薄弱，如何更好地利用国外资金、资源、技术和管理经验，是当时对外开放首先需要考虑的问题。尤其 1978 年大批官员和专家出国考察看到的景象和带回来的信息，使得当时的党和国家领导人深刻认识到中国在经济发展上的落后，感受到在尽可能短的时间内实现赶超的紧迫性。[1]

1978 年 12 月，十一届三中全会确立以经济建设为中心，实行改革开放。1982 年，党的十二大将"坚持自力更生和扩大对外经济技术交流"作为发展战略的重要原则进行了论证。1984 年，十二届三中全会发布《中共中央关于经济体制改革的决定》，明确提出"十一届三中全会以来，我们把对外开放作为长期的基本国策，作为加快社会主义现代化建设的战略措施，在实践中已经取得显著成效"。

对外开放对当时的国内改革也起到了重要的促进作用。20 世纪 70 年代后期，开放的国际环境结合中国生产力亟待发展的内部驱动，共同推动中国一步一步摆脱传统计划经济，走向市场经济模式。在当时的条件下，利用外资既弥补了发展面临的资金不足，也引进了先进技术和管理经验，还引进了市场规则和制度。深圳经济特区的市场化试验起到了为全国探路的作用，中国的企业经理们从与外商打交道过程中，逐步理解了什么叫市场经济，逐步学会了市场运作。同时，对外开放引入国际竞争，倒逼国内企业改革转型提高效率，有力地推动了

---

1. 萧冬连 . 筚路蓝缕：中国社会主义路径的五次选择［M］. 北京：社会科学文献出版社，2014.

国内企业经济的发展。

在这个阶段，中国对外开放的直接目标是出口创汇，弥补外汇不足，同时千方百计地引进外资，弥补资本不足。1979 年，中央做出设立经济特区的重大决策，支持在广东沿海设立出口加工基地。通过给予外商超国民待遇，大力吸引外资，特别是出口型外资，参与国际经济大循环，大力发展来样加工、来件装配、来料加工和补偿贸易（简称"三来一补"）。这些政策以小范围试点的方式，率先破解了当时计划经济体制下的涉外经济合作难题，促进了加工贸易的迅猛发展。中国从"三来一补"的中小项目起步，积极发展加工贸易，开启了参与全球产业分工、融入经济全球化的进程。

加入全球产业体系

20 世纪 80 年代末至 90 年代初，冷战结束，为世界各国开展经济建设提供了良好的国际环境，经济全球化迎来新一轮高速发展，广度、深度达到前所未有的水平。美国克林顿政府大力推动信息高速公路建设，信息产业引领美国经济走向繁荣。20 世纪 90 年代初，日本爆发经济泡沫危机，第二次世界大战后的高速增长骤停，经济触顶，进入经济持续低迷的"失去的三十年"[1]。1997 年，东亚经济在经历持续繁荣

---

1. 野口悠纪雄. 失去的三十年：平成日本经济史［Ｍ］. 郭超敏，译. 北京：机械工业出版社，2022.

后，突然遭遇亚洲金融危机，大部分东亚经济体遭受重创。这些国际环境的变化，也对中国经济产生了较大影响，但并没有改变中国经济加速融入经济全球化的趋势。

1992 年，党的十四大明确提出建立社会主义市场经济体制，并进一步明确扩大对外开放的部署，强调了地域要扩大，形成多层次、多渠道、全方位的开放格局。1993 年，十四届三中全会通过了《中共中央关于建立社会主义市场经济体制若干问题的决定》，在部署建设社会主义市场经济体制时，明确要求进一步扩大对外开放，实行全方位开放，并为社会主义市场经济体制下的对外贸易体制改革和发展指明了方向，也为之后外向型经济加速发展奠定了基础。

在该时期，中国对外开放的空间布局开始由沿海经济特区向内地扩散，战略重心开始由体制试点向全面制度建设转型，总体对外开放度不断提高，有力地支持了外向型经济的快速发展。[1] 20 世纪 80 年代实施的农村改革极大地提高了农业劳动积极性和微观效率，释放大量的农村剩余劳动力，为沿海地区外向型产业的快速发展提供了丰富的人力基础。

20 世纪 90 年代，中国积极推动恢复在关贸总协定的缔约国地位[2]，

---

1. 高进田. 特殊经济区发展与中国区域经济发展 [J]. 兰州大学学报（社会科学版），2009，37（3）：108-112.
2. 国务院新闻办公室门户网站披露，1986 年 7 月 11 日，中国政府向世界关税及贸易总协定总干事提交关于恢复中国在关贸总协定缔约国地位的申请，并准备就此问题同关贸总协定缔约各方进行谈判。

在与各方进行谈判的同时，不断丰富经济特区体系、实行汇率并轨等，国内体制改革持续深化。这个长达 15 年的"入世"谈判[1]，大大提升了国民的开放意识和规则意识，加速了一系列改革开放重大举措落地。

同时，中国抓住了国际产业特别是信息技术产业结构调整和转移的难得机遇，充分发挥国内极为充沛、成本低廉的劳动力比较优势，积极承接跨国产业转移加入全球产业分工体系。在浦东开发引领带动下，大量保税区、出口加工区等海关特殊监管区域创建，各类代工生产等劳动密集型产业快速发展，吸引大量的跨国产业转移到中国。在这个过程中，国内企业改革和管理方式优化加速推进，实现了将外商投资者的资金、先进技术、管理经验与国际销售渠道的优势与中国低成本劳动力优势有机结合，推动中国经济逐渐嵌入全球产业分工体系。[2]

1994 年，首部外贸法通过，国内的外贸管理体制改革加速推进，与以汇率并轨为主要内容的汇率制度改革一起，共同拉开了外向型经济发展的序幕。同年，分税制改革也开始实施。随着地方政府开始招商引资，各种税收等优惠政策也提高了对外商来华投资的吸引力。在这一时期，外商投资被允许进入能源、矿产、建筑、交通运输、旅游等更多领域。以发达国家大型跨国公司为主体，以制造业为主要投向，中国利用外资规模快速增长。

---

1. 1986 年开始的中国入世谈判持续了 15 年，直到 2001 年，中国终于成功加入世界贸易组织（WTO）。
2. 本书编写组 .《中共中央关于全面深化改革若干重大问题的决定》辅导读本［M］. 北京：人民出版社，2013.

— 成为"世界工厂" —

2001 年加入世界贸易组织（WTO）是中国对外开放的重要里程碑事件，开启了中国深度融入经济全球化的新征程。通过主动落实"入世"承诺，以大开放促大改革，中国积极吸引外资，大力发展出口导向型经济，成功地将国内丰富且高质量的人口红利，转化为凝结在劳动密集型产品上的资源比较优势，进而不断扩大国际市场份额，实现经济全面起飞并成为"世界工厂"[1]。

对外开放的深化

从国际环境看，进入 21 世纪后，随着发达国家创新经济加速发展，跨国企业加快全球产业布局调整，推动生产工序国际分工和生产制造外包，全球生产分工体系和合作网络逐渐形成，并在 21 世纪初达到阶段性高潮。2001 年，美国互联网泡沫破裂，大量国际资本从美国流出，中国成为国际资本流入的热土。大批跨国公司将其生产制造环节转移到中国，中国企业开始加速融入全球产业分工体系。

从国内环境看，加入 WTO 有力地促进了我国市场化改革和社会主义市场经济体制的完善，尤其是给国内各类非公有制经济发展提供了

1. 国家发展和改革委员会国际合作中心对外开放课题组 . 中国对外开放 40 年 [M] . 北京：人民出版社，2018.

空间。中国在加入 WTO 的协定书中，就贸易投资自由化、便利化做出了一揽子承诺。WTO 倡导的透明度原则、非歧视原则、国民待遇、最惠国待遇原则等理念和原则，也逐渐被国内认知，这进一步促进了非公有制经济的快速发展。

随着跨国公司投资开始从沿海向内陆地区延展，国内各地区招商引资的竞争态势逐渐形成，投资环境总体大幅改善，中西部地区投资快速增长，全球资本和生产要素利用水平进一步提升。通过深度参与经济全球化，中国突破了生产要素积累瓶颈和生产率提高障碍，获得了前所未有的高速经济增长。2008 年国际金融危机爆发，中国出口导向型模式的高对外依存问题凸显，这直接推动中国经济结构调整，进入转型升级的新阶段。

金融危机的危与机

对中国来说，2008 年国际金融危机是危与机并存的。

一方面，危机爆发后，世界经济陷入长期低速增长，国际贸易和投资持续疲软，外需降低导致出口下跌，对中国经济形成较大冲击。2004 年以后，国内劳动力要素比较优势也开始发生变化，劳动力短缺问题的影响逐渐显现，国内多地开始出现"民工荒"现象。随着东部沿海地区综合生产经营成本持续上升，部分劳动密集型产业开始向国内中西部地区和东南亚国家转移。

另一方面，危机助推中国经济加速进入转型升级新阶段。中国企业"走出去"步伐显著加快，金融危机给我国企业收购国外优质企业和知名品牌、开展能源领域合作开发、银行业走出国门开展跨国经营等，带来了难得的历史机遇。[1]

这个阶段是中国经济保持高速增长、与世界分享繁荣和实现共赢的黄金发展期。通过加快基础设施建设，重点抓结构调整、搞技术创新、促产业升级，中国的综合实力大幅提升。在 21 世纪的前十年，中国的国内生产总值（GDP）先后超过法国、英国和德国，2010 年终于超过日本，中国成为仅次于美国的世界第二大经济体。在该时期，中国的对外贸易、利用外资和对外投资同时实现高速增长。

对外贸易实现跨越式发展。从 2001 年到 2008 年全球金融危机爆发之前，中国的贸易进出口总额快速上涨，且始终是贸易顺差。2009 年受到全球金融危机影响，对外贸易水平出现萎缩，但 2010 年迅速恢复上涨。2010 年至今，中国连续多年稳居世界货物贸易第一大出口国和第二大进口国。加入 WTO 后的 11 年，中国对外进出口贸易年均增速高达 20.2%。

利用外资实现持续高速增长。2001 年全国实际利用外资额为 497 亿美元，2008 年达到 953 亿美元，年均增速达到 9.7%。到 2008 年，中国已连续 17 年稳居发展中国家吸引外资首位，且流入量居全球第三，

---

1. 毕吉耀.国际金融危机给我国扩大对外投资带来新机遇［J］.中国金融，2010（03）.

仅次于美国和法国。[1]2008 年，中国经济受到金融危机的冲击，但 2009 年吸引外资即恢复增长态势，此后规模常年位居世界前三，利用外资结构持续改善。2012 年，全国新批设立外商投资企业约 2.5 万家，实际使用外资 1117.16 亿美元。

对外投资进入快速发展阶段。中国企业对外投资从 2003 年的 29 亿美元起步，快速增长到 2012 年的 878 亿美元。截至 2012 年年底，已有超过 1.6 万家境内投资者在境外设立近 2.2 万家企业，累计投资净额 5319.4 亿美元。联合国贸易和发展会议《2013 年世界投资报告》显示，2012 年中国对外投资分别占全球当年流量的 6.3%、全部存量的 2.3%，排名分居全球第三位和第十三位。截至 2012 年年底，中国对外投资企业共分布在全球 179 个国家和地区，境外企业覆盖率为 76.8%，其中亚洲地区的境外企业覆盖率高达 95.7%。[2]

— **更高水平的开放** —

党的十八大以来，国内国际环境深刻复杂变化，中国政府坚定不移地扩大对外开放，以开放促改革、促发展、促创新，持续推进更高水平的对外开放。通过对接高标准国际规则，中国从商品和要素流动

---

1. 国家发展和改革委员会国际合作中心对外开放课题组. 中国对外开放 40 年 [M]. 北京: 人民出版社, 2018.
2. 同上。

型开放向规则、规制、管理、标准等制度型开放转变，进一步深化体制改革，推动高标准市场经济体系建设，中国经济开始进入引领新一轮经济全球化的新时代。

新一轮扩大开放

在21世纪的第二个十年，中国对外开放面临的外部环境日趋复杂。技术变革和模式创新带来全球经济高速发展，同期全球经济治理规则演进相对滞后，各种国际国内深层次矛盾凸显、冲突频现。以数字、生物和新能源技术革命为代表的第四次工业革命，正在重塑世界经济版图。新兴经济体和发展中国家群体性崛起，参与全球治理的话语权逐步提高，"一超多强"的多极化格局由此形成。同时，能源资源安全、粮食安全、网络安全、环境治理、气候变化、重大传染性疾病等人类共同面对的发展新问题的发生风险增大，形势日趋严峻。

随着世界百年未有之大变局加速演变，尤其2020年至今，在新冠肺炎疫情的冲击下，经济全球化也正在走入一个低谷期和调整期。这次疫情对国际贸易、国际投资、跨境物流、人员交往等都带来巨大冲击，成为自1918年西班牙大流感以来，对全球影响最大和最为深远的国际公共卫生危机。疫情使得本就不景气的全球经济雪上加霜，面临的下行风险显著增大，许多国家面临经济大幅衰退，失业率大幅提高。在此情况下，中国开展国际投资合作面临的外部环境更加复杂。

综合来看，中国经济发展的机遇与挑战并存。

　　一方面，中国综合国力稳居全球第二，中等收入群体规模全球最大，国内消费市场日益强大，贸易投资大国地位日益稳固。截至 2020 年年底，中国已经成为世界第二大经济体、制造业第一大国、最大的货物出口国、商品消费第二大国、第一大对外投资国、最大的外汇储备国，中国经济与世界经济深度融合。

　　另一方面，随着中国经济发展到了新的阶段，体制改革和对外开放诱导出的巨大增长冲动，已经被最大限度地动员和利用；如果不能将经济增长从主要依靠投入扩张转向主要依靠生产率提高，经济增长的潜力就会减弱乃至枯竭。[1] 从国家发展全局看，统筹国际国内两种资源、两个市场，不断构建和完善开放型经济体系，建立更高水平开放型经济新体制，是实现国家繁荣发展的内在要求，也是实现中华民族伟大复兴的必然选择。

　　为适应经济全球化新形势，党的十八大提出，要更大程度更广范围发挥市场在资源配置中的基础性作用，实行更加积极主动的开放战略。十八届三中全会明确提出，要构建开放型经济新体制。2015 年出台《关于构建开放型经济新体制的若干意见》，提出要统筹开放型经济顶层设计，以开放促改革、促发展、促创新，建设开放型经济强国。

　　党的十九大报告明确提出中国特色社会主义进入新时代，并强调"中国开放的大门不会关闭，只会越开越大"。十九届四中全会要求坚

1.　蔡昉 . 四十不惑：中国改革开放发展经验分享［M］. 北京：中国社会科学出版社，2018.

持和完善社会主义基本经济制度，建设更高水平开放型经济新体制，实施更大范围、更宽领域、更深层次的全面开放，为新一轮扩大开放指明了方向。十九届六中全会总结指出，"开放带来进步，封闭必然落后；我国发展要赢得优势、赢得主动、赢得未来，必须顺应经济全球化，依托我国超大规模市场优势，实行更加积极主动的开放战略。"[1]

伴随着全球要素优势变化和各国产业战略布局调整，中国制造业转型升级面临的外部挑战显著增大。美国、日本、德国等主要发达国家纷纷启动实施"再工业化"战略，东南亚、南亚和非洲等地的众多发展中国家则依靠低成本优势加大力度吸引全球制造业投资。随着中国国内劳动力、土地等资源要素成本快速上升，中国吸引外资的重点从过去的主要集中在制造业领域，更多地转向服务业的深度开放。

服务贸易发展水平取决于一国经济发展水平和发展阶段，也是综合经济实力和国际竞争优势的重要体现。党的十八大以来，通过自由贸易试验区和自由贸易港先试先行，中国稳步扩大服务业对外开放。加快服务领域开放，大力发展服务贸易，这是中国对外开放的重中之重，也是推动全面开放新格局形成的关键着力点，更是加快摆脱低附加值锁定、逐渐向全球价值链高端提升的重要推动力。[2]

---

1. 本书编写组.《中共中央关于党的百年奋斗重大成就和历史经验的决议》辅导读本 [M].北京：人民出版社，2021.

2. 朱福林.中国服务贸易发展 70 年历程、贡献与经验 [J].首都经济贸易大学学报，2020，22（1）：48-59.

国际大循环的形成

1987 年 10 月，时任国家计划委员会（现国家发展和改革委员会）经济研究所副研究员王建撰文，向中央提出了《关于国际大循环经济发展战略的构想》，并在同年 12 月 30 日的《光明日报》上解释了国际大循环战略，即"大力发展劳动密集型产品的出口，在国际市场换回外汇，为重工业发展取得所需资金和技术，再用重工业发展后所积累的资金回来支援农业，从而通过国际市场的转换机制，沟通农业和重工业的循环关系"[1]。这个国际大循环构想，实际上预言了此后40年中国外向型经济发展的实际路径。

改革开放的前 40 年，国际循环从零起步，稳步发展，对国民经济发展起到了重要的推动作用。通过发挥国内劳动力丰富、成本低的优势，中国依托经济特区和经济技术开发区等方式，积极引进国外资金、先进技术和管理经验，承接国际产业转移，参与全球产业分工体系，形成了资源和市场"两头在外、大进大出"的国际循环，奠定了出口导向型模式下的"世界工厂"地位。

在这个时期，国际循环规模巨大且地位持续上升。通过发展国际贸易和积极利用外资，实现快速引入国内最稀缺的资金和技术，同时解决国内外汇短缺和就业岗位不足问题，是当时情况下适应国际国内

1.　刘元春 . 读懂双循环新发展格局 [M] . 北京：中信出版社，2021.

形势发展的最优选择。当时国内本土企业自身实力尚未发展起来，境外投资处于探索起步阶段，规模体量较小，对中国经济发展的影响和贡献也相对较小。

2008 年国际金融危机爆发后，世界经济陷入长期低速增长，国际贸易和投资持续疲软，中国"两头在外、大进大出"的出口导向型发展模式的风险显现，外需降低一度导致出口下跌，这对中国经济形成较大冲击。如何更好地立足国内需求推动发展，成为国内经济政策转型的关键。

面对严重的外部危机冲击，扩大内需开始成为保持经济平稳较快发展的重要立足点。其中具有标志性意义的，是 2012 年中央经济工作会议上，明确提出要以"扩大内需、提高创新能力、促进经济发展方式转变"替代"简单纳入全球分工体系、扩大出口、加快投资"。此后相关政策考量不断走向深化。随着经济发展向内需主导转变，国内循环在我国经济中的作用开始显著上升。

构建新发展格局

2020 年，新冠肺炎疫情席卷全球，中国发展的外部环境不确定性显著增大。同年 5 月，中国政府首次指出要面向未来，把满足国内需求作为发展的出发点和落脚点，逐步形成以国内大循环为主体、国内国际双循环相互促进的新发展格局。此后，新发展格局的概念得到不断强化。其核心在于要站在历史正确的一边，发挥内需潜力，使国内市场和国际市场更好地联通，更好地利用国际国内两个市场、两种资源，形成全方位、多层次、多元化的开放合作格局。

面对百年变局和世纪疫情，构建以国内大循环为主体、国内国际双循环相互促进的新发展格局，推动高质量发展已经成为中国全面建设社会主义现代化国家的核心战略部署。新发展格局的提出，是2008年金融危机以来十多年的经济政策转型探索的重要成果，也是中国把握发展主动权的重要先手棋。

为适应国内外形势的深刻复杂变化，当前国际循环的特征和作用已经发生根本性变化。从国际比较看，大国经济的特征都是内需为主、内部可循环。我国作为全球第二大经济体和制造业第一大国，国内循环和国际循环关系的调整也是必然趋势，推动构建"以内为主，以外为辅"的双循环新发展格局，才能更好地统筹发展和安全，实现更加强劲、可持续的发展，以高水平对外开放打造国际合作和竞争新优势。

改革开放40多年来，我国逐渐积累了比较雄厚的物质基础，2020年人均国内生产总值已经突破1万美元[1]，综合国力稳居世界第二位。我国有14亿人口，拥有全球最大的中等收入群体，也是全球最大和最有潜力的消费市场。这让更多依靠国内市场促发展的发展路径，具备了现实条件和可能性。

---

1. 国家统计局副局长盛来运介绍，2021年我国经济总量突破100万亿元大关，人均GDP连续两年超过1万美元。按年平均汇率折算，2020年我国经济总量占世界经济的比重预计超过17%。

在此情况下，发挥超大规模国内市场优势，有利于畅通国内大循环，提升资源配置效率，降低对外部经济的依赖程度。面对充满不确定性、不稳定性的国际形势，中国只有构建新发展格局，才能更好地化解复杂国际形势下外部冲击和外需下降带来的影响，保证在极端情况下我国经济基本正常运行和社会大局总体稳定。

国际循环的另一个重要变化，是要求通过推动更高水平的对外开放，塑造参与国际合作与竞争的新优势。从要素流动的角度看，这就是要在统筹开放与安全的前提下，通过制度型开放，优化货物、人员、资金和数据等要素跨境流动，以超大规模国内市场形成对全球资源要素的强大引力场。从国际循环的构成看，这意味着跨境投资的重要性大幅提升。其中，推动高水平对外投资，提升国际循环质量和水平，是新形势下更好发挥国际循环作用的重要路径。

—— "三方关系"框架 ——

中国企业对外投资尽管起步较晚，但发展极为迅猛。2020 年，中国境外投资流量首次位居全球第一位，成为中国对外投资发展史上里程碑式事件。当前，中国企业对外投资进入从规模数量型增长转向结构优化、提质增效的发展新阶段。在这个阶段，清晰界定对外投资的利益相关主体及其收益逻辑，是新时代推动高水平对外投资，畅通国际国内双循环的必然要求。

具体来看，**探讨对外投资收益时，必须同时考量国家和企业两类重**

要主体。**在一个完整的分析框架中，跨国公司（企业主体）、母国和东道国实际上构成了一个复杂的三方关系。只有从跨国公司、母国和东道国的三方关系入手，才能更加合理地解释企业对外投资活动下的各方利益取舍，进而更好地研判跨境投资活动的潜在影响和发展趋势。**在这里，我们先将这个框架提出来（见图 1-1），为读者理解后文提供一个参考视角。

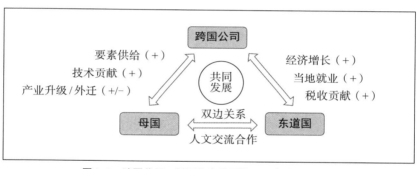

图 1-1　跨国公司、母国和东道国的"三方关系"框架

跨国公司是核心行为主体

正如纪录片《公司的力量》所言，公司的出现是近代以来最伟大的组织创新，公司的力量改变了世界。尤其跨国公司是全球跨境投资的核心行为主体。当前遍布全球的美国跨国公司的崛起，就是美国企业半个多世纪不断对外投资和扩张的结果。以苹果公司等为代表的美国跨国公司通过在世界各地的投资活动，获取了高额收益，并引领了21 世纪最新一轮的经济全球化。

对跨国公司来说，通过资源要素的跨境优化配置，提升组织生产效率，推动经济社会发展，是其自诞生以来就承担着的重要使命担当。然而，资本总是以逐利为先。随着实力不断增长，公司利益与社会利益有时会发生冲突，跨国公司需要通过适当的引导和规制，实现资本扩张与社会公正之间的平衡。

什么是伟大的企业？关于这个问题，仁者见仁，智者见智。从对人类社会发展影响的角度看，真正伟大的企业，不仅要在商业上取得成功，还要能改变世界，为人类的文明进步做出贡献。这其实对企业的价值取向提出了很高的要求。中国企业在成为伟大跨国企业这件事上，具有来自文化基因的天然禀赋优势。国家电网、中石油、华为等走出国门的中国企业，都是通过成就世界来成就自身的代表，也是中国开展高水平对外投资的标杆性企业。

正如《孟子·梁惠王上》所说："不为者与不能者之形，何以异？"曰："挟泰山以超北海，语人曰：'我不能。'是诚不能也。为长者折枝，语人曰：'我不能。'是不为也，非不能也。**当跨国企业不开展特定海外投资活动时，在行为决策逻辑上存在两种可能性："不能"和"能而不为"。在完全逐利导向的商业逻辑下，"能而不为"是一种司空见惯的选择。但是，在中国企业的海外投资决策中，"能而不为"的情况极少，"能与不能"往往成为关注的焦点。**

究其根本，企业行为都是由企业家的社会价值逻辑驱动的。中国企业对外投资由于存在明显的"后发劣势"，可选的海外合作空间本就狭小，风险和不确定性更是常态。不过，中国的资源禀赋和国情特征、国内激烈的市场竞争环境，以及中国人历来相信"事在人为"、很有吃苦耐劳精神，对困难有极大的容忍度，因此中国企业对海外发展机会极为珍惜，"能而不为"的情况极少。这为中国企业海外投资合作拓展了新的"蓝海空间"。

在经济全球化的浪潮中，越来越多的中国企业积极拓展全球布局，来自中国本土的跨国企业正在飞速成长。很多人都没有意识到，我们对中国企业国际化能力的看法，很可能还被过去某些刻板印象深刻影响着——就像一头从小被拴在小桩子上的大象，不知道自己早已经具备了轻松拔桩的能力。当大家还惦记着中信澳矿项目投资巨亏时，这个项目已经悄然成为战略先手棋[1]。

越来越多的中国跨国公司开始登上世界舞台，是中国企业通过对外投资不断扩张规模、拓展发展空间的必然结果。尤其对许多产业领域龙头企业来说，从全国走向全球，是企业塑造和提升参与国际竞争新优势、实现企业自身价值最大化的过程。这也是由企业自身成长的客观规律决定的。

东道国决定投资能否成功

东道国是企业境外投资项目的发生地，大体可以划分为发达国家

---

1. 参见本书第 2 章第 1 节 "中信澳矿项目" 的故事。

和发展中国家两类。中国企业在这两类国家开展投资活动的动机和重点往往各有侧重。到发达国家投资，多以并购投资为主，通过并购在相关领域具有技术、品牌或管理经验优势的企业，提升自身国际竞争力，这里面可能产生各种"蛇吞象"的故事。到发展中国家的投资，多以矿业资源开发和绿地设厂为主，通过利用当地丰富的自然资源或廉价的劳动力资源，降低企业生产成本，实现提升综合收益水平。

从东道国角度看，中国的投资项目与来自其他国家的外资项目产生的作用是相同的。中国企业投资不仅可以引进当地稀缺的资金、技术等要素，提供本地化就业岗位，推动当地工业发展水平快速提升，还可以通过缴纳税款提高当地政府的财政收入，通过服务社区等公益活动提升当地居民生活质量。因此，在完全市场化的逻辑下，绝大多数国家对中国的投资项目都十分欢迎。在实践中，中国企业在广大发展中国家的投资具有明显优势。

放眼全球，随着发展中国家国内市场需求提升，面临基础设施和工业化水平不足等发展瓶颈凸显，与中国企业的海外拓展方向同频共振，极大激发了我国国内企业境外投资的积极性。尤其随着广大发展中国家工业化和城市化进程加速，公路、铁路、港口、机场等交通基础设施建设需求将进一步释放，推动经济快速发展，人民生活水平的不断提高又将扩大国内市场和设施完善需求，推动本国工业化水平提升，从而实现经济体系的良性循环。

不过，随着近年来单边保护主义、资源民族主义等逆全球化思潮兴起，中国企业海外投资也会受到一定影响。例如，美国等主要发达国家以国家安全为名，大幅提高外国投资壁垒。2020 年以来，英国、法国、德国都修订了针对外商投资的国家安全审查法规，通过降低监管审查门槛、扩大审查范围和赋予监管更大权限，保护本国优势产业和关键资产。[1]2021 年以来，印度政府多次对中国企业在当地投资进行封禁、打压或加税等，试图通过打压中国企业扶持本国企业发展。类似的东道国政策变化，使得中国企业在相关国家投资面临的风险大幅提高，对企业的国际化能力提出了更高要求。

母国是直接利益关联方

　　企业对外投资行为对母国经济社会发展的潜在影响，正在受到越来越多的关注。企业的商业活动可能没有国界，但企业家都有自己的祖国。对大部分中国跨国企业来说，超大规模的国内大市场是企业海外拓展最稳固的大后方。如何在充分发挥不同国家和地区比较优势的同时，协调处理好对外投资行为与母国利益相关方的关系，以最优的全球化布局，同时实现企业利益和国家利益的最大化，值得每一个走出国门的中国企业仔细思量。

　　从理论上看，对外投资对母国经济具有双面性。积极效应非常明显，主要体现在，对外投资是企业拓展国外市场的重要路径，有助于

---

1. 胡子南 . 英法德三国收紧外商投资安全审查监管研究［J］. 国际论坛，2021（6）：87-102.

实现资源要素互补、推动母国技术进步、带动相关产品出口等。汉森
对瑞典跨国公司的研究[1]、海德和瑞斯对日本的研究[2]，均发现对外直接投
资对母国技术进步产生了积极的影响。

在通常情况下，一个国家在特定产业领域的国际竞争力，是由该
国跨国公司的实力所决定的。不过，对外投资过程中一定会有产业转
移，如果产业转出后国内新产业没有及时补位，国内就业岗位和税收
就可能减少等，这是潜在的风险因素。对不同的国家来说，由于国际
形势、管理体制、企业实力等条件各不相同，对外投资可能产生的影
响完全不同。

以美国为例，跨国公司的全球扩张，使得美国本土制造业生产环
节大量转移到海外。一方面，这为本土高科技产业发展提供了空间和
资源，确保了美国的全球科技领头羊地位；另一方面，这也导致国内
"铁锈地带"蓝领工人大量失业，国内贫富差距进一步拉大。为了缓解
国内矛盾，吸引"制造回流"就成为美国政府近年来持续推动的重要
政策。

日本的情况也很有特点。从总体上看，日本跨国公司的全球扩张

---

1. HANSSON.Skill upgrading and production transfer within Swedish multinationals [J] . The Scandinavian Journal of Economics，2005（107）：673-692.

2. HEAD，RIES .Heterogeneity and the FDI versus export decision of Japanese manufacturers [J] . Journal of the Japanese and International Economies，2003（17）：448-467.

对母国影响无疑是积极的。长达 70 年的对外直接投资，为日本积累了大规模的海外金融资产，成功再造一个"海外日本"。截至 2018 年，日本的海外金融资产（包括对外直接投资、金融投资等）规模为 1018 万亿日元，是其名义 GDP 的 1.85 倍，海外净资产规模达到 GDP 的 62%[1]。同时，日本对外直接投资的收益水平相对较高，对日本国内经济社会发展起到了重要的反哺作用。

对中国来说，如何发挥高水平对外投资对构建新发展格局的积极作用，通过企业对外投资，实现更好地整合利用全球人才、技术等关键要素，已经成为一个特别值得关注的问题。

可以预期，中国对外投资发展路径也必定具有强烈的中国特色——既不同于美国，也不同于日本，是根植于自身发展经验、需求与目标之上的一种全新路径。它至少应该实现三重目标：既有利于企业获取海外战略性资产，改善或提高企业生产效率，开拓和维护海外市场，提升企业国际竞争力；又能保证国内生产所需的关键性自然资源供应，维护国内超大规模市场和世界一流制造业大国地位，更好地服务于构建新发展格局；还能践行中国对世界发出的"共商共建共享"承诺，促进与其他国家互利合作、共同发展。

1.　刘瑞.日本的海外金融资产：现状、特点、影响及启示［J］.日本学刊，2019（5）：116-146.

小 结

在中华人民共和国成立后的前30年，中国对外开放的主要目标是大规模引进先进设备和技术，通过加快国内现代化建设，奠定中国的现代产业体系基础。

改革开放40多年来，中国坚持对外开放的基本国策，主动利用两个市场、两种资源，充分利用全球化提供的良好外部条件，同时不断发掘自身制度改进和产业发展条件等内部优势，提升各类要素的配置效率，从而发挥比较优势实现经济赶超。在这个过程中，国际大循环逐渐形成，其特征和作用伴随中国经济实力的增长而变化。中国企业开展对外投资活动的需求和能力也在不断增长，对外投资逐渐成为中国对外经济合作的重要组成部分。

中国企业的高水平对外投资，可以实现企业主体、东道国和母国"三方"利益最大化，真正产生提升企业国际竞争力、服务构进新发展格局、促进相关国家共同发展的三重效果。

思 考

1. 改革开放以来，中国对外开放经历了哪几个阶段，各自核心特征是什么？

2. 企业对外投资在不同阶段的发展情况如何，发挥了什么样的作用？

3. 双循环新发展格局中的国际循环主要发挥什么作用？其与改革开放

前 40 年的国际大循环的本质区别是什么？

4. 对外投资活动涉及的"三方"是什么？各自的作用及相互影响如何？

5. 展望 2035 年和 2050 年，中国与世界的关系会是怎样的？其中，对外投资又将发挥怎样的作用？

2.

海外矿产资源
合作

1984 年 2 月，中信集团创始人向党中央呈送了一份关于开创国际工作新局面的报告。报告中写道："中国人口众多，资源不足，尤其是某些基础材料将长期短缺。因此，必须开拓和利用国外资源，为国家建设服务；选择好的项目，依赖中信在国际市场的良好声誉，尽量筹集到无追索贷款，不要总公司担保，更不用国家担保；和一流的大公司合作，请一流的律师和会计师；属地化经营，按照当地法律、法规并充分利用当地高级人才和管理经验去经营，而不是什么都自己管……"[1]

　　这个报告以深刻洞察与远见卓识，提出了中国企业走出去获取海外资源的必要性，并指明了核心思路和注意事项。今天读来，这个写于 30 多年前的报告，内容简单而朴素，观点却异常鲜明，精准预见了

1.　王伟群 . 艰难的辉煌 2，中信：2009—2019［M］. 北京：中信出版集团，2020.
　　这本书详细记述了中信集团的国际化发展历程。中信集团是一家特殊的中央企业，诞生于中国改革开放的初期（1979 年），一开始就承载着将商业规则与国家利益有机融合、率先积极开拓海外市场的重要使命，是国内企业对外投资的先锋力量。

此后数十年的情况，尤其是极具前瞻性地提出了中国企业走出国门需要规避的各种问题——项目前期调研甄选的不足、融资架构搭建不合理、对法律和财务合作伙伴选择的不谨慎、属地化经营能力不足等。总体来看，尽管许多企业为相关问题支付了高昂的"学费"，但中国的资源型企业走出去总体是成功的。其中，海外矿产资源投资，历来是中国资源型企业海外布局的重点。

矿产资源是国家经济和社会发展的重要物质基础。矿产资源的安全供应始终是关系国家可持续发展的核心问题。我国矿产资源总量大，人均少，资源禀赋总体不佳。多数大宗矿产储采比[1]偏低，石油、天然气、铁、铜、铝等矿产人均可采资源储量远低于世界平均水平，资源基础相对薄弱。因此，开展海外矿产资源投资既是中国企业生存和可持续运营的客观需求，也是保障国家安全和实施可持续发展战略的内在需要。

—— 离不开的铁矿石 ——

中国企业开展海外铁矿投资的故事，集中体现了中国矿产资源企业海外投资的核心逻辑和关键考量。铁矿石作为重要的战略性矿产资源，对保障国家经济安全、国防安全等具有重要作用。铁矿石的安全稳定供应与我国制造业的整体稳定运行息息相关，是确保产业链供应

---

1. 又称回采率，是生产设计或实际采出的储量占工业储量的比例。——编者注

链安全稳定的关键性环节。

一个国家的资源安全既取决于资源自给的程度，也受到进口资源数量的充足程度、供应的持续性和价格的合理性等因素的影响。任何一个国家，如果某种资源国内供应不足，寻求稳定的海外供应就会成为其海外经济合作的重要目标。

从需求角度看，改革开放 40 多年来，中国经济高速发展，社会生产急剧扩张，工业化水平快速提升，对铁矿资源的需求迅猛增加。早在 1996 年，我国粗钢产量就首次突破 1 亿吨，超越日本成为全球粗钢第一大国，此后长期占据全球产钢国之首。[1]2010 年以来，我国钢铁行业高速发展，国内粗钢产量从 2010 年的 6.27 亿吨上升至 2021 年的 10.33 亿吨[2]，增幅达到 65%，年均复合增长率约 4.2%。2019 年，我国铁矿石消费量已占全球 60% 左右，是全球铁矿石最大的需求方和消费国。

从供应角度看，由于国内铁矿资源禀赋较差，已知铁矿储量不大，矿石品质较低且多为地下贫矿，开采成本很高，我国对铁矿进口依赖程度高。我国铁矿石的平均品位大约为 30%[3]，远低于澳大利亚和巴西的近 50% 的平均品位。以大冶和石碌两处富矿为代表，两矿的开采时间

---

1. 卢延纯等 . 破解铁矿石价格困境构建钢铁产业新发展格局［J］. 价格理论与实践，2021（01）：4-9.
2. World Steel Association. Total production of crude steel［DB/OL］.［2022-08-25］.
3. 华经产业研究院 . 2022—2027 年中国铁矿石行业市场运行现状及投资规划建议报告［R/OL］.（2021-11-09）［2022-08-25］.

都已经超过 50 年，地表矿已经开采殆尽，进入成本较高的地下开采阶段。在此情况下，国内的铁矿石供应完全无法满足工业快速增长对铁矿石的需求。

因此，我国自 2003 年就成为全球铁矿石进口第一大国[1]，对外依存度很高。中钢协公布的数据显示，2015 年，我国进口铁矿石 9.33 亿吨，对外依存度高达 78.5%。2016 年，国内铁矿石进口开始突破 10 亿吨，2020 年达到 11.7 亿吨的历史高点，对外依存度超过 80%。2021 年，随着国内粗钢产量降低，铁矿石进口量下降至 11.24 亿吨，对外依存度也降至 76.2%。在此情况下，为了保障上游资源稳定和低成本供应，对海外矿产资源进行投资并购是最直接、最有效的方式。

后发劣势

尽管中国矿业企业出海寻求铁矿资源的动机极为强烈，但出海起步时间较晚，"后发劣势"明显。受全球矿产资源自然禀赋和矿业寡头垄断竞争格局影响，目前全球最优质铁矿资源主要集中在澳大利亚和巴西两个国家。从 2012 年起，两国铁矿石出口量一直占据全球铁矿石出口总量的 60% 以上[2]。

1. 徐广平，崔彬. 国际铁矿石价格形成的经济分析及对策建议 [J]. 中国矿业，2019（10）：80-84.
2. 新浪财经. 拨开"基石计划"神秘面纱：每年增加 1.5 亿至 2 亿吨海外铁矿，国内矿将迎资金、政策支持 [EB/OL]. (2022-06-29) [2022-09-21].

全球矿业公司市值前四名必和必拓（BHP）、力拓（Rio Tinto）、淡水河谷（Vale）、福蒂斯丘金属公司（FMG）（以下简称"四大矿企"）均为铁矿公司，几乎垄断了全球所有的优质铁矿资源。2021 年，四大矿企的铁矿石产量约占全球总产量的 46%，铁矿石贸易量约占全球贸易总量的 68%，牢牢占据产业链话语权。除此之外，2020 年，全球四大矿山铁矿石平均销售利润率达到 30%，而全球排名靠前的 28 家主要钢铁企业平均销售利润率仅为 2.2%，产业链利润持续不断地向上游铁矿石生产商转移。[1]

传统矿业巨头的强大垄断地位，意味着中国矿企海外投资的可选择空间已经极其有限，通常是资源品位不高、开发成本较高、新发现但储量不明的铁矿资源，才可能被跨国巨头们"遗留"下来，成为中国矿企的投资目标。在后发劣势下，中国企业出海投资铁矿频频遭遇各种问题，一直备受困扰。

冶金工业规划研究院的数据显示，中国从 20 世纪 80 年代开始到海外购买铁矿，以 1987 年澳大利亚恰那合营铁矿为开端，到 2019 年年底，中国企业参与的境外铁矿项目共有 31 个，权益矿产能约 3 亿吨 / 年。但是，目前在产项目仅 7 个，中方权益矿约 6500 万吨 / 年，占中国铁矿年进口量不足 10%，2020 年中国海外权益矿发货量约 4600 万吨[2]，

---

1. PwC.Mine 2021 Great expectations，seizing tomorrow [R/OL]．[2022-08-25]．
2. 罗国平．"基石计划"在路上 [J]．财新周刊，2022（27）：8.

相比日本、韩国、欧洲等国家和地区超过 50% 的权益矿占比，存在巨大差距。[1]

这些境外铁矿投资项目中，有一个"介于失败与成功之间"、中国企业迄今为止最大的海外"绿地投资"项目——中信泰富投资西澳铁矿项目（以下简称"中信澳矿项目"），几乎已经成为各方谈及中国企业海外矿产投资时绕不开的话题。

从纯粹的商业角度看，中信澳矿项目在长达十余年的时间里都被视为中国矿企海外投资的"一次重大的失败教训"。2006 年，中信泰富以 4.15 亿美元收购西澳大利亚两个 10 亿吨磁铁矿开采权，预期投资约 42 亿美元，其于 2009 年实现项目投产。[2] 但是，由于企业缺乏开发大规模磁铁矿的经验，对交易对象和当地市场环境不熟悉，尤其对澳大利亚当地环保、劳工等政策要求不了解，该项目一直官司缠身、麻烦不断，项目开发一再延期，几度陷入停顿，实际资本支出比预期翻了数倍。

2013 年 12 月，中信澳矿项目终于生产出首批精矿粉运往中国，比预期投产时间晚了 4 年。2015 年，项目交易对象还起诉中信股份，要求索赔合计约 72 亿美元的特许权使用费。到 2016 年，中信澳矿项目全部建成投产时，总投资额已超过 120 亿美元，实际投资额是当初预期投资额的 3 倍。

1. 罗国平.解锁百亿吨铁矿石［J］.财新周刊，2020（33）.
2. 第一财经日报.产一吨亏一吨中信泰富澳洲项目进退维谷［EB/OL］.（2012-12-07）［2022-09-21］.

　　后来，随着 2018 年以来国际铁矿价格的持续上涨，中信澳矿项目投产后绝地逢生，赶上了铁矿石行业的景气周期。经过多年开发，中信澳矿已经成为世界最大的磁铁矿开发运营项目，也是中国在海外唯一在建的 100% 权益铁矿，6 条生产线实现稳定运行。2021 年，中信澳矿的产量达到 2100 万吨磁铁矿精矿，并且正逐步向年产能 2400 万吨的目标迈进。[1]中信因此成为世界主要磁铁矿生产商，也是中国铁精粉进口的最大单一供应商。

　　在 2019—2021 年的全球铁矿石价格大涨行情中，中信澳矿成为中国钢铁企业高品位铁矿的重要来源，保障国家矿产资源供给的战略价值开始凸显，在平抑进口铁矿石价格方面发挥了重要作用。2021 年，中信澳矿项目全年出售铁精矿约 32.8 亿美元，实现年利润 9.48 亿美元，同比增长 121%，长期商业价值凸现。

　　新华社经济研究中心的调研报告中曾如此点评这个项目：**"从照搬国内经验却水土不服，到变更运营主体摸索建设模式，从遭遇技术瓶颈，到终于建成工艺独创、设施一流的超大型磁铁矿山，深陷绝境而后生，中信澳矿的经验教训对于我国海外投资，尤其是海外矿产投资具有典型借鉴意义。"**[2]

　　在中信澳矿项目投资期的前十年，中信泰富一直疲于应对、捉襟

1. 澳华财经在线 . 中信泰富磁铁矿项目年利润翻番达 13 亿澳元［EB/OL］.（2022-05-05）［2022-09-21］.
2. 王伟群 . 艰难的辉煌 2，中信：2009—2019［M］. 北京：中信出版集团，2020.

见肘，多次面临项目终止风险。在母公司中信集团不计成本的大力支持下，中信泰富熬过最难关，实现项目正常运营，最终在铁矿石价格大幅上涨的周期前迎来"翻身仗"。每一个计划要在海外投资的中国企业，都应该先听一听中信澳矿项目的故事，从中深刻理解海外投资的风险与机遇。

全球矿业博弈

远赴海外开展矿产资源投资的大多数中国企业，需要面对的情况是相似的。一方面，矿业投资项目通常都是"重资产"投入，从拿到资源权益到最终成功投产，都需要资金、技术、人力的巨大综合投入，漫长的建设周期使得项目面临的不确定性风险大幅提升；另一方面，快速提高的资源对外依存度、激烈的国际需求竞争、日益加剧的供应方垄断，以及持续上行的市场价格，使得越来越多的中国企业参与国际矿业投资。中国企业与国际金融资本和矿业巨头的正面竞争日趋激烈。

伴随着全球大宗商品价格的周期性变化，国际矿业资源博弈的故事一再上演。2021 年 5 月，国际铁矿石价格涨至 202.65 美元 / 吨，历史上首次突破 200 美元 / 吨的价格。在此背景下，被称为"澳洲铁矿杀手"的西芒杜铁矿项目再次在国内引发热议。

西芒杜铁矿位于西非国家几内亚，是世界级的大型优质露天赤铁矿，预计总资源量接近 50 亿吨，其中铁矿石储量超过 22.5 亿吨，矿石品位超过 65%，投产后年产量有望达到 1.5 亿吨。然而，从 1997 年力拓集团首次向几内亚政府申请西芒杜铁矿采矿权至今，诸多国际矿业巨头先后入局，但西芒杜铁矿的开采仍旧处于纸上谈兵的状态。20 多年来，西芒杜项目矿权反复多次变更，但受到开发成本过高等因素影响，始终未能进入实质性开发阶段。

实际上，西芒杜铁矿的开发涉及铁路、电厂、港口等基础设施的修建，建设周期预计 5～8 年，仅基础设施建设成本就在百亿美元以上。对任何单一矿业企业来说，这都是项目商业回报难以保障的高风险项目。然而，中国企业的入局让西芒杜铁矿的开发出现新的曙光。

2020 年 6 月，由韦立国际（新加坡）、山东港口烟台港集团、山东魏桥创业集团和几内亚联合矿业供应集团共建的"赢联盟"（SMB-Winning Consortium）与几内亚政府正式签署协议，获得西芒杜区块 1 和区块 2 的矿权。此后，西芒杜铁矿便由几内亚政府、力拓集团、赢联盟以及中铝集团、中国宝武为首的中方联合体共同持股。2022 年 3 月，几内亚政府、赢联盟和力拓达成三方框架协议，将在 35 年内投资 150 亿美元共同开发西芒杜铁矿，协议规定西芒杜铁矿最迟在 2025 年投产。

对数千里之外的中国来说，西芒杜的开发价值异常突出，尤其对打破巴西和澳大利亚的铁矿石供应双头垄断格局意义重大。从国家矿产资源供给保障的角度看，推进海外大型铁矿项目开发，是改变中国在铁矿石供应端被动局面的必然要求，也是当前阶段中国矿业企业对外投资承担的重要历史使命。

—— 矿业国际投资 ——

2016 年，中华人民共和国自然资源部发布的《全国矿产资源规划（2016—2020）》中，将石油、天然气、煤炭、铁、铬、铜、铝、金、镍等 24 种矿产资源列为战略性矿产。与铁矿资源处境类似，受资源储量等自然禀赋约束，国内矿产资源供给近年来整体增长乏力，尤其战略性矿产资源短缺程度不断加剧。

以金属矿产为例，截至 2020 年年底，我国锂、钴和镍的储量仅占全球储量的 6.3%、2.0% 和 4.4%[1]。2020 年，我国铁、铜、钴、镍等对外依存度超过 80%，其中钴的对外依存度超过 97%[2]。为了保障国家经济安全、国防安全和新兴产业发展需求，中国企业投资海外寻求矿产资源重要性凸显，势在必行。

矿业出海之路

中国企业对海外矿产资源的投资始于改革开放初期，且早期多以铁矿为主。20 世纪 80 年代，以中钢、首钢等为代表的矿业企业率先走

---

1. 中国地质调查局全球矿产资源战略研究中心 . 全球锂、钴、镍、锡、钾盐矿产资源储量评估报告（2021）[R].北京：中国地质调查局全球矿产资源战略研究中心，2021.
2. 中华人民共和国自然资源部 . 中国矿产资源报告 2022 [R].北京：地质出版社，2022.

出国门，探索性地收购了少量海外矿产资源，成为中国企业走出去的探路先锋。

1986 年，中国国际信托投资公司收购澳大利亚波特兰铝厂 10% 的权益，次年中钢和力拓合营的澳大利亚洽那项目正式签约。这是中国企业海外投资的最早探索。1992 年，首钢斥资 1.2 亿美元收购了秘鲁铁矿公司 98.4% 的股份，获得马科纳矿区所有矿产资源的无限期开发和利用权，被认为是中国国有企业并购外国公司的第一单。

1993 年，中石油成立只有 4 个人的海外处，并于当年中标秘鲁塔拉拉油田项目，以老油田提高采收率小项目切入，率先成功走出国门。1994 年，中国海洋石油集团有限公司（以下简称中海油）购买了美国阿科公司（ARCO）[1] 在印度尼西亚马六甲油田 32.58% 的权益。1997 年，中石油收购了委内瑞拉英特甘博油田和卡拉高莱斯油田，并获得哈萨克斯坦阿克纠宾石油公司 60% 以上的股权。这些海外收购的主要目标，是推动原油进口渠道多元化，改善原油进口结构。

从 2001 年"入世"到 2008 年金融危机前，随着汽车、房地产、化工等行业的迅猛发展，国内对矿产能源的需求也快速增长，驱动企业加速向海外寻求资源。采矿业对外投资成为中国对外直接投资的重点，一度占到中国对外直接投资的近一半。有关统计显示，2005—2008 年，中国企业海外矿产资源并购事件 41 起，并购金额约为 554 亿美元[2]，已经

1.　也译为大西洋富田公司、大西洋里奇菲尔德公司。——编者注
2.　易欣 . 海外并购的理性思考 [J] . 矿业装备，2016（10）：20-25.

形成一定规模。

在这个阶段，国有矿业企业对外投资手笔较大，尤其国务院国有资产监督管理委员会（以下简称国资委）设立后，主要中央企业以"做大做强"为目标，对海外的直接投资开始大规模启动并加速进行。2002年，中海油出资近6亿美元收购西班牙雷普索尔公司在印度尼西亚五大油田的部分权益，成为印度尼西亚最大的海上石油生产商。2004年，中石油联手马来西亚国家石油公司收购美国赫斯公司印度尼西亚公司50%的权益。

为了强化海外油气资源并购和市场开拓业务，中国石油化工集团有限公司（以下简称中石化）也在2001年成立国际石油勘探开发公司，并在2003年成立资产并购办公室，大力推进跨国并购战略。2006年，中石化联合印度国家石油天然气公司收购了哥伦比亚石油公司海滨油田50%的股份。2008年，中国铝业联合美国铝业公司，以约140亿美元收购了力拓英国上市公司12%的股权，是迄今为止全球交易规模最大的金属矿产领域并购案之一。

在这个时期，具备一定实力的民营企业也开始尝试走出国门，通过参股、并购等方式进行海外资源储备。2004年，武汉钢铁（集团）公司、唐山钢铁集团公司联合马鞍山钢铁股份有限公司、江苏沙钢集团有限公司获得必和必拓转租的澳大利亚Jimblear铁矿40%的股权。2006年，宝钢集团、金川集团和国家开发银行全资收购菲律宾棉兰老岛的一家镍矿。2007年，江苏沙钢集团以1.08亿美元收购英国斯坦科集团（Stemcor）控股的澳大利亚萨维奇河铁矿（Savage River）90%的股份，厦门紫金铜冠成功收购英国蒙特瑞科采矿公司。

2008 年金融危机爆发后，全球经济增长缓慢，致使全球矿产资源需求疲软，许多重要战略性矿产资源价格大幅下降，部分资源国和跨国资源巨头资产大幅缩水，甚至出现经营不善等问题。中国企业迎来低价收购海外矿产资源的历史性机遇。许多企业的矿业投资从以财务投资为主，逐渐向寻求控股转变。

2009 年，中国企业海外矿产资源并购出现爆发式增长。全年发生海外矿产资源并购事件 52 起，披露的并购金额约为 387 亿美元。其中，典型事件包括中国五矿收购了澳大利亚 OZ 矿业公司。广东顺德日新公司收购智利一家储量高达 30 亿吨的铁矿约 70% 的股权。中海油和中石化以 13 亿美元联合收购美国公司持有的安哥拉某石油区块 20% 的权益。中石化以 72.4 亿美元全资收购 Addax 石油公司，获得该公司在非洲和中东的能源资产，这在一定程度上弥补了公司上游供应链的薄弱环节。

这一年，除了收购海外油田，中石油等企业也开始收购下游炼化业务企业，实现产业链向下游延伸。2009 年，中石油成功收购新日本大阪炼油厂部分股权，收购新加坡石油公司和英力士位于苏格兰的炼油厂。部分企业还开始积极探索境外投资设厂的新思路。后来成为"世界镍王"的青山控股，也在这一年开始走出国门，到印度尼西亚开发红土镍矿。

2010 年后，受益于中国经济的快速发展，尤其随着中国 GDP 超过日本稳居世界第二位，庞大的制造业发展和基础设施建设需求，推升了对各类矿产资源的持续旺盛需求。国内企业对油气资源、非传统油气资源和新能源新材料矿产资源等领域的海外投资加速发展，并且呈现新特征。

在这个时期，在传统能源领域，中国企业海外投资加速向产业链下游的炼化环节拓展。例如，浙江恒逸石化有限公司在 2011 年启动了文莱大摩拉岛石化项目建设。该项目 2019 年投产后，成为中国企业在海外投资的最大石化生产基地，也契合文莱政府实现其中长期发展规划"2035 宏愿"的要求。

同时，为了满足国内对工业金属不断增长的需求，以洛阳钼业、青山控股、魏桥集团、紫金矿业、天齐锂业、华友钴业等为代表，越来越多的地方国有企业和民营企业参与境外金属矿产投资，逐渐改变了过去海外矿业投资以中央企业为主的情况。

经验与教训

从国际经验看，通过并购实现规模扩张和业务拓展，是所有的小型资源型公司成长为地区性公司、最终成为全球性公司的必经之路。例如，2007 年，印度塔塔钢铁世界排名仅为第 56 位，在用 110 亿美元收购了世界排名第九的英国康力斯（Corus）集团后，一跃成为世界第五大钢铁公司。

在国内资源能源市场需求持续增长的驱动下，中国海外矿业投资呈现快速发展态势，投资规模稳步增长，参与主体不断增加，投资范围不断拓展。中国矿业企业参与国际竞争与合作的能力不断提升，一批具有较强国际竞争力的本土跨国企业涌现。

2021 年 6 月，普华永道发布《2021 年度全球矿业公司 40 强榜单》，中国有 8 家企业上榜。在国内矿企中，中国神华排名居全球第 5 位，仅次于全球四大铁矿巨头；紫金矿业居第 12 位，位列中国金属矿业首位；洛阳钼业、山东黄金、陕西煤业、江西铜业、天齐锂业、中煤新能 6 家公司也进入榜单（见表 2-1）。

表 2-1　2021 年度全球矿业公司 40 强榜单

2021 年排名	2020 年排名	排名变化	公司	股票上市地	主营品种
1	1	0	必和必拓	澳大利亚 / 英国	多矿种
2	2	0	力拓	澳大利亚 / 英国	多矿种
3	3	0	淡水河谷	巴西	多矿种
4	10	6	福蒂斯丘金属集团	澳大利亚	铁矿石
5	4	-1	**中国神华能源集团有限公司**	**中国**	**煤炭**
6	5	-1	诺里尔斯克镍业	俄罗斯	镍
7	7	0	纽蒙特	美国	金
8	6	-2	嘉能可	瑞士	多矿种
9	8	-1	英美资源	英国 / 南非	多矿种
10	9	-1	巴里克黄金	加拿大	金
11	12	1	自由港麦克莫兰	美国	铜
12	15	3	**紫金矿业集团有限公司**	**中国**	**多矿种**

（续）

2021年排名	2020年排名	排名变化	公司	股票上市地	主营品种
13	11	-2	墨西哥铜业	墨西哥	铜
14	16	2	极地黄金公司	俄罗斯	金
15	20	5	洛阳栾川钼业股份集团有限公司	中国	多矿种
16	23	7	安托法加斯塔公司	英国	铜
17	17	0	伊格尔矿业	加拿大	金
18	14	-4	纽克雷斯特矿业公司	澳大利亚	金
19	19	0	山东黄金矿业有限公司	中国	金
20	21	1	陕西煤业有限责任公司	中国	煤炭
21	22	1	印度斯坦锌业公司	印度	锌
22	18	-4	沙特阿拉伯矿业公司	沙特阿拉伯	多矿种
23	34	11	第一量子矿业有限公司	加拿大	铜
24	36	12	斯班－静水公司	南非	铂族金属和金
25	13	-12	印度煤炭公司	印度	煤炭
26	38	12	弗雷斯尼洛公司	墨西哥	多矿种
27	27	0	柯克兰莱克黄金公司	加拿大	金
28	33	5	俄罗斯多种金属公司	俄罗斯／英国	多矿种
29	31	2	因帕拉铂业公司	南非	铂族金属
30	新上榜	/	波兰 KGHM 国际公司	波兰	铜
31	26	-5	益格鲁黄金	南非	金

（续）

2021 年排名	2020 年排名	排名变化	公司	股票上市地	主营品种
32	25	-7	泰克资源	加拿大	多矿种
33	24	-9	埃罗莎	俄罗斯	钻石
34	40	6	金罗斯	加拿大	金
35	28	-7	南方 32 公司	澳大利亚	多矿种
36	35	-1	江西铜业有限公司	中国	铜
37	37	0	天齐锂业公司	中国	锂
38	32	-6	美国美盛公司	美国	碳酸钾
39	新上榜	/	金田有限公司	南非	金
40	30	-10	中煤能源股份有限公司	中国	煤炭

资料来源：PwC. Mine 2021 Great expectations, seizing tomorrow［R/OL］.［2022-08-25］.

　　这些进入榜单的企业，以紫金矿业为代表，无一不历经重重磨砺，通过在全球投资布局，获得诸多海外优质资源，才实现了从本土公司向跨国企业的华丽转变。2012 年，紫金矿业收购澳大利亚最大黄金生产企业诺顿金田 89% 的股份，这是中国企业成功收购海外在产大型黄金矿山的第一单。此后，紫金矿业陆续在吉尔吉斯斯坦、塔吉克斯坦、新几内亚、刚果（金）、秘鲁等国家收购了大量黄金、铜钴等矿产项目。到 2017 年，紫金矿业海外矿产金占集团总量超过一半，海外项目利润贡献超过 30%，海外矿山成为紫金矿业最重要的核心资产。

　　在将近 40 年的海外探索过程中，中国企业海外矿业投资从零起步，一路跌跌撞撞，同时也积累了一些宝贵的失败教训。1992 年首钢收购秘鲁铁矿后，因投标时出价过高，在此后十余年背负沉重的财务负担。2006 年，中铝以 29.2 亿澳元获得澳大利亚昆士兰州 6.5 亿吨铝土矿的开发权，后来开发时发现，前期可行性研究对开发难度估计严重不足，工程落地成本远超预计，原材料价格上涨导致运营成本居高不下，这给母公司造成巨大的财务压力，中铝最终不得不于 2011 年 6 月宣布终止项目。2009 年湖南华菱收购福蒂斯丘金属集团后，由于原料供应承诺无法兑现，最终拖累上市公司在 2010 年名列沪深两市亏损榜第一名。

国家政治环境、地缘政治、民族情绪等因素的变化，也会对海外矿产资源投资产生重大影响。以 2003 年中石油竞标俄罗斯斯拉夫石油公司失败为代表，中国企业在全球能源领域的投资，也频频因"中国威胁论"的舆论压力而被迫中止或放弃。2005 年，中海油以 185 亿美元竞购美国优尼科石油公司，在全球引发巨大关注，该并购最终因美国国家安全审查限制而宣告失败。2015 年，紫金矿业在刚果（金）收购某铜矿项目，也曾因所谓"违反有关规定"而被宣布无效。

成功的海外项目看起来都差不多，但失败项目的问题通常各不相同。从成功经验看，核心是要实现中国技术、经验与东道国资源禀赋的有机结合，真正实现风险共担和利益共享。从失败教训看，对前期可行性研究论证不足、国际化经营能力欠缺、国际形势重大变化等，都可能导致中国矿企海外投资项目遭遇失败。无论成功与失败，这些企业的探索与实践，都对新时代中国资源型企业的全球化发展起到了重要的奠基作用。

― 打破"资源诅咒" ―

在大学读书时，我曾认真拜读了一本思想政治课推荐阅读书目——《拉丁美洲被切开的血管》。这本书写于 1971 年，是乌拉圭记者爱德华多·加莱亚诺的大作，书中探讨了一个核心问题：为什么世界上自然条件最优越的大陆，却成为人民最穷困的大陆呢？

通过历史记述和记者调查，加莱亚诺用大量鲜活而有说服力的材料，分析了拉丁美洲自哥伦布发现新大陆以后 500 多年被侵占和掠夺的历史，并鲜明指出：丰富的金银等自然资源促使殖民主义者疯狂掠夺这片土地，拉丁美洲成为"血管被切开"的地区，各种资源持续流失、不断失血，因而始终无法摆脱贫穷和动荡的局面。

当时看完这本书，作者在书中的两句呐喊久久萦绕耳旁："地球的富有造成人类的贫困""发展是遇难者多于航行者的航行"。应该说，这本书潜移默化地建构了我对资源型发展中国家发展难题的最初认知。后来，在经济学中接触到"资源诅咒"这个概念时，我首先想到的还是拉丁美洲的故事。

经济学中的"资源诅咒"是指自然资源丰富的国家，在经济发展、社会治理和政治稳定等方面的能力往往反而不如资源欠丰富的国家。

在现实中，由于"荷兰病"[1]、寡头垄断、环境破坏等问题，自然资源丰富的非洲、拉丁美洲的国家和地区，实现独立后至今几十年的发展，远不如自然资源贫乏的东亚的国家和地区。

对广大自然资源丰富的发展中国家来说，如何打破"资源诅咒"是一个必须解决的关键性问题。中国企业海外矿业投资的不断发展和成熟，尤其中国企业在海外矿业合作中展现的创新力和执行力，使得这个难题出现了解决的曙光和希望。

在当前阶段，绝大多数矿产资源丰富的发展中国家，都面临本国勘探开发和开采能力相对较弱、配套基础设施建设能力不足等问题。例如，非洲的矿产资源、中亚国家的油气资源，印度尼西亚、菲律宾的镍、铁，文莱的石油等，都储量丰富但开发不足。同时，中国经过40多年的高速发展，国内工业发展积累了丰富的经验，尤其矿产冶炼工程技术和系统能力已经大幅提高，矿业配套基础设施建设能力更是世界一流。

在此背景下，中国企业到海外开展矿产资源开发合作，实际上可以将中国在融资、技术、管理等方面的经验优势，与相关国家丰富的

---

1. 原指荷兰于 1959 年在海岸线附近发现了大量的天然气资源后，天然气出口在急剧上升的同时，也对其他贸易部门（常常指制造业等）产生挤出效应，使得荷兰其他工业部门失去了创新和发展的活力，进而逐步萎缩，失去国际竞争力。现在，"荷兰病"被用来概括自然资源丰富反而导致拖累经济发展的各种现象的发生，比如矿产资源丰富的国家由于社会治理能力不足，缺乏有效的财富分配机制，反而容易陷入各种国内冲突和对抗。

矿产资源禀赋优势结合起来，在帮助相关国家将资源优势转化为经济增长新动力的同时，进口各类大宗矿产品，更好地服务市场需求，实现真正意义上的互利共赢。

在实践中，经过多年探索，中国企业已经摸索出一些具有较强示范性意义的国际矿产资源投资合作新模式。其中，最具代表性的，是非洲几内亚的"赢联盟"模式和印度尼西亚的青山工业园模式。

"赢联盟"新模式

2015 年 11 月 16 日，一艘满载红褐色铝矾土的"韦立信心"轮首次停靠烟台港，将来自非洲几内亚的优质铝矾土卸下，运往世界最大的铝业生产企业——魏桥集团。此后，每月都有十余艘来自几内亚的 18 万吨以上铝矾土船舶靠港。这是几内亚近 15 年来首次实现新矿的顺利出口。其直接的影响是，几内亚从此跃升为世界最重要的铝矾土出口大国，改变了世界铝业格局。

几内亚是世界铝矾土大国，铝土矿资源储量世界第一，探明储量约占世界总储量的 2/3，且品位高，开采成本低。中国的铝产品和消费量几乎占全球的一半，但国内电解铝产业下一步发展面临的各种瓶颈和压力日益增大。然而，要实现几内亚丰富的资源供应和中国庞大的资源需求的有效对接，需要跨越千里汪洋的阻隔。这种看似无解的难题，是中国企业出场的惯常情况。

通过整合各方资源优势，建立"三国四方"联合体，构建最大供应国和最大需求国的跨国铝土矿投资合作产业链，"赢联盟"模式横空出世。所谓"三国四方"，是指由中国烟台港和魏桥集团，联合新加坡韦立国际集团、几内亚UMS公司成立合资公司，商定共同建设一条年运输量1000万～3000万吨的国际铝矾土航线，打造从非洲到中国的铝产业完整链条。该链条涵盖了从矿山、航运、港口到厂商的全产业链各主要环节。

概括起来，"赢联盟"模式取得成功的一个核心原因，在于同时调动了中国企业、发达国家和发展中国家的产业链关键企业，共同投资建立了一个设施共建、成本共担、收益共享的企业联合体，实现优势互补、共同发展。

堪称完美的产业链资源整合，使得各项工作的开展都异常顺利。2014年12月，赢联盟港口有限公司在几内亚注册成立，并在中国烟台港的支持下，仅用4个月就建成了几内亚博凯河港第一个码头，一年内就将首船铝土矿出口到中国。

从结果上看，"赢联盟"铝土矿项目已经成为国际矿业合作实现互利共赢的最佳范本。

第一，该项目作为几内亚最大的矿业项目，有效促进了几内亚铝矾土开发，直接和间接雇用当地就业人口过万，每年向几内亚政府缴纳的税收上亿美元，极大地改善了几内亚的财政状况，为几内亚经济发展和社会稳定注入了新动力。

第二，该项目为中国开辟了新的铝土矿资源供应来源，实现了铝土矿资源供应的多元化，并为更多中国企业进入几内亚提供了包括物流在内的便捷可靠渠道。

第三，该项目的成功，吸引了法国等其他发达国家矿业公司共同参与开发几内亚铝土矿，并预期带动几内亚国内氧化铝工厂、火电厂、铁路等建设发展，堪称市场驱动下多方联合，探索助力不发达国家经济起飞的典范，可为其他欠发达的资源型国家提供重要的借鉴。

印度尼西亚青山工业园

印度尼西亚青山工业园的成功完全是另一个逻辑。其国内母公司青山控股的发展，是一个本土民营企业全球化跨越发展的传奇故事——浙江温州一家从事不锈钢生产的普通民营企业，把握商机主动走出国门，到海外买矿并建立工业园，经过多年海外经营运作，终为"世界镍王"，供应着中国 20% 的不锈钢。

镍铁矿是制造不锈钢金属最重要的原材料之一。印度尼西亚是全球第一大镍资源国。根据美国地质调查局的数据，2020 年全球探明镍资源储量约为 9400 万吨，其中印度尼西亚的资源储量位列第一，约为 2100 万吨，占比 22%。2021 年，印度尼西亚镍矿年产量占全球的37%。多年来，由于本土镍矿资源稀缺，我国国内所需大部分镍矿都需要从印度尼西亚进口。青山控股敏锐地看到了其中的商机。

2009 年，青山控股与印度尼西亚八星集团合资设立苏拉威西矿业投资公司，获得印度尼西亚面积 4.7 万公顷的红土镍矿开采权。2013年，在中国和印度尼西亚两国元首的共同见证下，中国印尼经贸合作区青山园区正式开工建设。2016 年以后，随着印度尼西亚青山工业园主要生产线陆续建成投产，青山集团走上了发展的快车道。

印度尼西亚丰富的镍矿资源，使得青山控股摆脱了国际镍价波动的制约，实现了原料成本的自主掌控，并通过革命性的技术创新降低了不锈钢的生产成本。2016 年，青山控股成为温州首家营业额超千亿元的民营企业。2018 年，青山控股在印度尼西亚的第二个工业园项目纬达贝（IWIP）工业园正式开工建设，建成后将成为世界上第一个涵盖从红土镍矿到镍中间品，再到不锈钢和新能源电池材料等全产业链的镍资源综合利用产业园区。

在继续深耕印度尼西亚市场的同时，青山控股也开始向海外其他国家和地区拓展，并于 2018 年获得非洲津巴布韦东马绍纳兰省的铁矿开采权，并计划在当地建立不锈钢工厂。2019 年，青山控股以 342.422 亿美元的营业收入，首次进入《财富》世界 500 强榜单，居第 361 位。2021 年，青山控股以 424.481 亿美元的营业收入，居《财富》世界 500 强的第 279 位。

截至 2021 年年底，青山控股已经拥有全球 8 大不锈钢生产基地，实现境内外全面布局。境内包括福建青拓、广东阳江和浙江青田生产基地，境外则拥有印度尼西亚莫罗瓦利工业园区（IMIP）、印度尼西亚纬达贝工业园区（IWIP）、美国匹兹堡 A&T Stainless. LLC、印度古吉拉特工业园区、津巴布韦中非冶炼生产基地。

青山控股的投资极大地推动了印度尼西亚国内镍产业的发展，是印度尼西亚引入外资实现工业化发展的标杆性项目。青山控股的进入

为印度尼西亚带来了红土镍矿冶炼的革命性技术，推动印度尼西亚从全球最大的镍原料出口国，转变为全球最大的镍铁不锈钢出口国。随着镍铁不锈钢产业链体系不断完善，印度尼西亚已经成为仅次于中国的全国不锈钢生产第二大国。

此外，近年来新能源产业兴起，镍作为新能源电池原料的重要性凸显。2019 年，印度尼西亚政府宣布全面停止镍矿石出口。全球新能源企业纷纷到印度尼西亚投资设厂。2021 年，宁德时代、亿纬锂能、中伟股份等国内顶尖新能源企业也都到印度尼西亚的青山工业园投资，带动园区新能源产业链迅速形成，为当地提供了大量就业，培养了专业人才，预期将推动整个印度尼西亚新能源产业快速崛起。

印度尼西亚青山工业园模式成功的核心在于复制中国国内的工业企业集聚发展经验，实现将中国企业的技术创新能力、管理经验与东道国的资源禀赋紧密结合，实现对行业现有竞争格局的革命性突破。在实践中，青山在海外的成功，为国内矿产资源企业出海注入了强心剂，引领了新一波的民营矿业出海浪潮。

如何借鉴"赢联盟"和青山工业园的经验，积极探索符合东道国国情的国际矿业合作新模式，是现阶段每一个走出国门的中国企业都必须思考的问题。通过创新思路深挖合作潜力，从国家发展、企业发展到人民福祉的高度，帮助广大发展中国家打破"资源诅咒"，找到一条共同发展的新路，这也是真正践行以共商共建共享为原则、构建人类命运共同体的大道。

—— 新能源产业链 ——

2021 年 9 月，中国政府首次明确表态，将大力支持发展中国家能源绿色低碳发展，不再新建境外煤电项目。这是继 2020 年 9 月宣布将力争实现"双碳"目标后，中国政府再次向世界发出的明确承诺。这次表态，也在一定程度上标志着中国能源企业对外投资正式进入绿色低碳发展的新时代。

全球应对气候变化

2019 年 12 月，冯德莱恩就任欧盟委员会主席后，发布了"欧洲绿色新政"施政纲领，将绿色作为新一届欧委会的核心议题，提出到 2050 年欧洲温室气体达到零净排放并实现经济增长与资源消耗脱钩。2021 年 7 月，欧盟委员会正式公布了"减碳 55"一揽子减排提案（Fit for 55），即 2030 年欧盟温室气体排放量比 1990 年至少减少 55% 的计划，包括 12 项立法提案，涉及扩大欧盟碳市场、停止销售燃油车、征收航空燃油税、扩大可再生能源占比、征收"碳关税"等。截至 2021 年年底，全球已有超过 130 个国家和地区提出碳中和目标。

以欧盟提出的"碳关税"为代表，全球气候治理的外溢效应正在持续增强，碳排放作为新的成本要素对生产端的影响正在增大。煤炭、油气等传统能源类项目由于碳排放较高，海外投资存在碳转移和碳泄漏[1]的风险，与当前全球低碳化趋势相悖，可能遭遇强大的政策和舆论压力。例如，欧盟 2021 年 7 月发布的建立碳边境调节机制的立法草案中，明确要面向未建立国内碳市场或碳税机制的国家征收碳关税，初期征税产品为水泥、钢铁、铝、肥料和发电，未来计划拓展至欧盟碳交易体系中的所有产品。2002 年 6 月，该草案的修正案已经获得欧洲议会批准，将于 2023 年 1 月 1 日开始实施。

随着以"欧洲绿色新政"为代表的新一轮全球气候政策约束增强，各类高碳境外投资项目面临的融资难题凸显。从国际看，全球银行业积极响应"碳中和"号召，加速推动气候金融发展，高碳项目境外融资渠道正在关闭。例如，巴克莱银行、德意志银行、渣打银行、三井住友信托银行等已停止为新增煤电项目提供贷款，并逐步退出存量煤电项目。从国内看，"双碳"目标提出后，金融业积极主动践行绿色理念，推动投融资体系绿色转型，有些商业银行也已开始排查并停止对境外新增煤电类项目贷款，且不排除扩展到其他高碳排行业的可能。

同时，新能源等绿色低碳产业正在蓬勃发展，成为全球能源合作的优先领域。比尔·盖茨在其新书《气候经济与人类未来》中指出，到 2050 年非化石能源在全球能源体系的占比将从现在的 15% 上升至

---

1. 碳转移，是指通过将高碳排放项目转移到具有较大碳豁免权的国家，或者将国内需要的某种产品转移到其他国家生产后再进口，将国内碳排放转移到其他国家；碳泄漏，是指由于具有碳豁免权国家减碳技术水平有限，相同生产过程的碳排放很可能会高于中国，最终带来全球碳排放的净增长。

85%[1]。能源转型委员会（ETC）发布报告认为，从现在起到 2050 年全球碳中和需要投资近 15 万亿美元。广阔的市场发展空间，将吸引越来越多的全球企业积极参与。

新能源的"弯道超车"

国内绿色低碳产业链的强势崛起，为中国企业把握全球能源国际合作低碳转型机遇，提供了重要基础条件。经过多年发展，目前中国不仅是全球清洁能源的最大市场，同时在全球清洁能源供应链中也占据关键位置。例如，中国在太阳能和风电领域投资高居全球榜首，拥有全球 1/3 的可再生能源专利。全球太阳能光伏领域中有 72% 的多晶硅模组、90% 以上的晶圆是由中国公司生产的。在锂电池领域中，锂和钴的精炼产能分别有 61% 和 72% 在中国。中国新能源汽车的全球市场占比约为 50%[2]。

为了顺应全球低碳化发展趋势，近年来国内风电、光伏等清洁能源企业出海大幅提速，投资总额持续增长，发展前景十分广阔。中国企业建设的中亚最大风电场、拉美光伏电站、迪拜太阳能项目等标杆性项目，都为当地实现可持续发展目标发挥了重要作用。美国企业公

1. 比尔·盖茨.气候经济与人类未来［M］.陈召强，译.北京：中信出版集团，2021.
2. 新华社.我国新能源汽车数量约占全球总量一半［EB/OL］.（2021-06-19）［2022-08-26］.

共政策研究所数据显示，2020 年上半年，中国在发展中国家能源领域的投资中，可再生能源占比首次超过化石能源占比，达到 58.1%[1]。

中国企业多年积累境外项目施工建设经验，也在这一轮低碳能源国际合作中发挥了重要作用。2020 年新冠肺炎疫情暴发以来，各国新能源项目建设都遭遇巨大挑战，但是由中国企业承建的多个海外风电等新能源项目均克服了疫情影响，顺利实现了商业运行。比如，由金风科技投资、中国电建承建的阿根廷赫利俄斯风电项目群于 2020 年 11 月顺利实现并网送电，得到阿根廷各界的高度认可。该项目的成功，实际上是受益于金风科技在南非、阿根廷、澳大利亚等多个风电项目建设经验，以及中国电建在巴基斯坦、哈萨克斯坦、澳大利亚等国家的风电项目建设经验。

中国企业通过国际合作，推动全球能源结构转型的努力，正在获得国际社会的广泛认可。迪拜马克图姆太阳能项目是其中的典型代表。马克图姆项目总占地 44 平方千米，四期总装机容量 950 兆瓦，是目前世界上装机容量最大、投资规模最大、熔盐罐储热量最大的光热项目。该项目能够在白天利用熔盐大量存储阳光充沛时产生的热量，在夜间或阴天时提供稳定的电力，做到 24 小时连续稳定地将太阳能转化为电能，具有零消耗、零污染、零排放和寿命周期长的优势。来自中国上海电气公司的项目团队克服了疫情、高温酷暑、原材料涨价等诸多困

---

1. 新华社 . 中国在"一带一路"沿线国家可再生能源项目投资额总体呈增长态势［EB/OL］.（2020-12-04）［2022-08-26］.

难，推动项目如期实现商业运行，向迪拜各地输送电能，有力支持了迪拜 2050 清洁能源战略的实施，真正践行了合作共赢的理念。

此外，近年来，许多国内企业在海外积极布局，重点投资锂、钴、镍等新能源产业相关矿产资源领域，推动国内外产业链上下游资源的整合。2014 年，天齐锂业成功收购澳大利亚泰利森锂业公司，从一家单纯的锂加工企业，转型升级为拥有大量海外优质锂矿资源，集锂矿采选加工、产品深加工和销售于一体的跨国锂业公司，成为世界锂行业龙头企业。2016 年以来，洛阳钼业、金川集团、华友钴业等中国企业先后投资刚果（金）的铜钴矿[1]，这极大地提升了钴矿资源的海外保障能力。

在当前阶段，环境、社会和治理理念（ESG）越来越受到全球认可，低碳化正在逐渐渗透国际投资合作的各个方面，对项目的可行性研究、投资开发和运营管理都产生深刻影响。低碳金融的蓬勃发展，也成为全球绿色低碳能源发展的重要推动力。许多金融机构都已经调整投融资政策，将更多资产投向低碳领域或符合 ESG 标准的企业。在欧盟碳市场，碳期货、碳基金、碳资产融资、碳配额托管等各类碳金融产品不断丰富，成为推动全球应对气候变化行动的先锋力量。

从国内看，自 2016 年率先发布全球首个绿色金融顶层设计文件——《关于构建绿色金融体系的指导意见》以来，当前国内已基本

---

1. 知鸦通识.中美钴矿争夺战，赢家究竟是谁？［EB/OL］.（2021-12-06）［2022-08-26］.

形成绿色贷款、绿色债券、绿色保险、绿色基金、绿色信托、碳金融产品等多层次的绿色金融产品和市场体系。为了适应全球产业绿色升级的要求，许多金融机构将低碳降碳标准导向纳入境外项目贷款考量中，有力地助推了中国企业境外太阳能、风能、锂电池等低碳项目的发展。

在中国新能源企业投资的积极带动下，全球新能源产业加速进入蓬勃发展阶段。2022 年 3 月，英国石油公司（BP）发布的报告指出，可再生能源发展趋势已经不可阻挡，尤其风能、太阳能、低碳氢能将持续高速增长。世界主要国家纷纷制定支持新能源发展的政策，通过加速能源转型，推动交通、工业、建筑等领域低碳发展，极大助力全球低碳转型。在此过程中，中国新能源企业也将迎来合作与竞争并存的全球化发展新时代。

小 结

到海外寻找矿产资源，保障国内原材料供应，是中国企业走出国门的最初动力。历史的经验表明，国际矿业投资的绝不仅取决于资金和技术实力，更是国际化运作能力和经验的比拼，还是跨国思维和文化的碰撞与融合。卓越的资源整合和模式创新能力，帮助中国本土矿业企业克服了后发劣势，使其成长为全球性矿业公司，同时也帮助东道国打破"资源诅咒"，获得经济起飞的原动力。国内绿色低碳产业链的强势崛起，让中国企业在全球能源国际合作低碳转型上取得了先机，

并助推形成全球新一波新能源投资热潮。无论时势如何变化，通过对外投资获取优质资源，在实现企业自身做大做强的同时，更好地服务国内经济发展大局，助力东道国将资源优势转化为经济增长新动力，始终是中国矿业企业对外投资的成功之道。

思 考

1. 中国为什么要开展对外资源能源投资？
2. 中国企业对外投资矿业项目有哪些经典成功模式？
3. 能否介绍三个中国对外矿业投资的典型失败案例，其中的教训是什么？
4. 在全球低碳热潮下，中国企业对外投资面临的机遇和挑战是什么？
5. 中国在新能源领域对外投资的进展和潜力如何？

3.

海外基础设施
互联互通

2021 年 12 月 3 日，连接昆明和万象的中老铁路正式开通运营。该项目全长 1035 千米，是第一条全线采用中国标准、使用中国设备，由中老合作建设运营并与中国铁路网直接连通的跨境铁路。中老铁路的开通，使得老挝由"陆锁国"变为"陆联国"，为中国与老挝及其他湄公河国家之间构建一条高效便捷的国际物流"黄金通道"，为沿线经济社会发展注入了新活力。

　　基于自身发展经验，中国积极支持企业在相关国家参与公路、铁路、港口、机场、发电厂、通信网络等基础设施建设，然后以此为基础推动制造业发展，促进相关国家工业化水平提升，助推经济结构转型和国家现代化进程。[1] 其中，提升基础设施互联互通水平，是推动共赢发展的第一步。

---

1. 胡必亮 . 以共建"一带一路"促高质量共同发展［N/OL］. 光明日报，2022-04-04（04）.

— 要想富，先修路 —

2015 年在美国访问学习时，我时常和我最好的朋友，一个印度人，交流中国国内经济建设取得的成就，但她对此似乎并不以为意。后来我才知道，印度国内舆论基本被西方媒体占据，对中国的宣传大多是不太友好和失真的。她当时对我描述的情况并不十分相信。后来，这位印度朋友在我的建议下，到中国开展了为期两周的实地调研。调研结束在美国相逢时，她谈起中国时都在说"噢，太难以置信了"，各种溢美之词不绝于耳。

在中国的调研中，机场、高铁、高速公路等便利的基础设施，直接击溃了西方的舆论堡垒，征服了这位印度朋友的心。经此一事，我深刻理解到：在国际交流合作中，语言都是苍白的，想要外部世界了解真实的中国，只需要邀请对方来中国走一走。

为什么是中国

基础设施是国民经济和社会发展的基石，对一国经济和社会的正常运转起到支撑作用。中华人民共和国成立 70 多年来，国内基础设施建设大幅提速，有力地支持了经济建设和社会发展。以"五纵五横"综合运输大通道、"四纵四横"高铁网络、高速铁路和高速公路"县县通"、农村基建"村村通"等为代表，国内基础设施建设成为经济社会发展的重要引擎。"要想富，先修路"，已经成为深入人心的普遍共识。

国内基础设施建设的加速发展，有力地推动了铁路、公路等领域体制改革，极大地激发了企业主体的活力。中国基建企业通过加大自主研发和引进、吸收、集成创新，不断提升新技术研发能力，在高速铁路、大跨度桥梁、特高压输电、大型水利工程、新一代移动通信等领域实现了全面领先。由于在基础设施建设领域取得的非凡成就，中国在全球范围内被戏称为"基建狂魔"。

为什么中国的基础设施建设能狂飙猛进？其中核心的经验是什么呢？除了以广阔的国内市场空间、完备的工业体系为支撑，中国推动基础设施建设的先进理念和操作模式，更是中国基建的独特竞争力所在。在许多西方发达国家，由于政府对基础设施公共属性的理解和支持不足，基建企业作为核心主体，只能以单个项目为单位进行风险考量，政府往往会选择放弃工程建设。

与西方国家相比，中国国内经过多年发展，已经形成从经济社会发展大局和更长的周期来看待基建项目价值的共识。作为支撑经济发展最重要的公共资源，基础设施建设往往由政府推动，项目的自身营利性不是关键的考量因素。为了实现项目的可持续运营，以1994年成立的中国国家开发银行为代表，各类政策性金融机构不断创新模式，提出开发性金融等中长期融资新模式，坚持把支持发展放在首要位置，强调在发展中防控风险，解决了基础设施建设面临的最大难题——融资问题。

时至今日，国家开发银行已经成为全球最大的开发性金融机构，也是中国最大的中长期信贷银行和对外投融资合作银行。其开创的开发性金融模式——以服务国家发展战略为宗旨，以国家信用为依托，以市场运作为基本模式，以保本微利为经营原则，以中长期投融资为载体，成为中国推动基础设施建设的王牌。

这种立足基本国情，将政府目标与市场机制相结合的中国特色"开发性金融"模式，也成为中国企业开展境外基础设施建设的独特优势。应该说，**今天中国企业如火如荼地参与海外基础设施建设的局面，既是多年来国内生成的强大基建能力"外溢"的结果，也是中国特色"开发性金融"理念向海外"投射"的体现。**

义利并举的逻辑

从历史的眼光看，全球基础设施建设的国际投资合作由来已久，西方国家基建企业曾经是"主力军"，中国企业只能算是"后来者"。特别是第二次世界大战以后，基础设施建设一度是发达国家对发展中国家援助的重点，许多国家的基础设施建设起步都是通过引入国外资金和技术实现的。

基础设施建设通常耗资巨大，发达国家或国际组织主要通过提供援助贷款等方式支持发展中国家基建项目，无偿援助极为少见。在此过程中，许多发展中国家大量借入债务，国外贷款总额不断增长，面临的债务偿还风险不断累积，这反而成为束缚经济发展的"债务枷锁"。1982 年，以墨西哥宣布无力偿还外债为标志，拉美国家主权债务危机正式爆发，几乎所有拉美国家在危机中都受到冲击或波及，经济发展受到严重干扰，结束了之前的高速增长局面。1980—1990 年，拉美国家年均 GDP 增长仅为 1.2%[1]，陷入"中等收入陷阱"[2]。

部分西方国家和国际组织还以偿还债务为要挟，将所谓实现自由、平等、人权等政治改革，以及金融贸易自由化、国有企业私有化、放松政府管制等经济自由化等经济改革方案，向相关国家强行兜售。这些方案通常是对西方经济自由化理论或模式的机械执行，很少考虑发展中国家自身社会、文化等禀赋特征，因而在实施过程中很容易出现"制定容易、落地难"的情况，导致政府管理混乱、本土企业倒闭、贫富分化加剧等问题。

在这样的背景下，中国企业参与全球基础设施建设合作时，面临的现实条件比较复杂。一方面，许多发展中国家已经背上了西方"债务包袱"，国家财政陷入"先有鸡还是先有蛋"的选择困境，政府融资能力已经透支，难以再投入新的资金开展基础设施建设；另一方面，受过去殖民主义的影响，部分国家的民族主义和保护主义情绪高涨，民众极容易被挑唆或煽动，出现反对或对抗外来基建投资的情况。

从某种意义上说，中国基建企业海外投资承担着打破发展中国家"发展怪圈"的使命。20 世纪 70 年代，中国首条援非铁路——坦赞铁路，标定了中国参与海外基建"义利并举"的原始属性。不管曾经的援助，还是现在的商业合作，通过基础设施建设助力相关国家经济发

---

1. 新华网."中等收入陷阱"的拉美反思 [EB/OL] . (2015-12-05) [2022-08-25] .
2. 许潆方，谢琳灿.从土耳其里拉危机看"一带一路"国家债务风险 [J] .中国经贸导刊，2018（34）：40-43.

展,都是一条中国基于自身发展经验总结的、更适合发展中国家的路径,也是中国这个具有人文情怀的东方大国,为推动全球共同发展提供的务实的解决方案。

在非洲大陆,许多中国企业积极参与相关国家重大基础设施建设,为支持非洲振兴贡献了重要力量。根据《新时代的中非合作》白皮书,2000—2020 年,中国企业在非洲建成的公路铁路超过 1.3 万千米,建设了 80 多个大型电力设施,援建了 130 多个医疗设施、45 个体育馆、170 多所学校。[1] 围绕非洲"三网一化"(高速铁路网、高速公路网、区域航空网和工业化),中国政府积极支持企业走进非洲,与相关国家开展产业对接和产能合作,以务实行动助力非洲工业化和经济多元化进程。

在实践中,中国与其他发展中国家的基础设施投资合作,还起到了其他一些意想不到的效果——许多原本已经对发展中国家基础设施投资失去耐心和兴趣的发达国家,在中国积极作为的带动下,也纷纷出台加大对发展中国家基础设施投资的新政策或规划,以保持和争夺在相关地区的影响力。

2021 年 6 月,在美国的推动下,G7 国家共同宣布推出"重建更美好世界"计划(Build Back Better World,B3W 计划),拟重点支持低收入和中等收入国家的基础设施建设。同年 12 月,欧盟宣布启动"全球门户"计划,宣称计划在 7 年内投入 3000 亿欧元,参与全球尤其是发展中国家的基础设施建设。

---

1. 新华网 . 新时代的中非合作 [EB/OL] . (2021-11-26) [2022-08-25] .

　　无论背后意图或落地前景如何，这些计划的相继推出都标志着在推动发展中国家基础设施建设的大方向上，全球主要国家在思路上已经基本达成共识，发展前景值得期待。当然，中国企业未来参与发展中国家基础设施建设时，面临的来自各方的竞争也将更加激烈。那么，从全球看，中国海外基建承包企业的实力究竟如何呢？

— 海外工程承包商 —

　　海外工程承包是中国基础设施企业走出去的重要方式。关于中国海外工程承包商的实力水平，有一句话可以概括："国内竞争国际化、国外竞争国内化。"这精准描述了当前中国工程承包行业参与全球竞争的态势。放眼全球，中资企业已经成为全球工程承包市场最重要的竞争主体和技术引领者，在许多重要细分领域基本实现领先。

　　例如，在超高层建筑领域，中国建筑承建了国内 90%、全球一半以上的 300 米以上超高层建筑，拥有完善的建造"千米级超高层建筑"的关键设备、技术和能力。在公路桥梁领域，中国交通建设集团（以下简称"中交集团"）在高速公路、高等级公路、跨境跨海桥梁建设方面占有技术优势和规模优势，设计建设了世界 10 大斜拉桥中的 5 座、10 大悬索桥中的 6 座、10 大高山峡谷桥中的 6 座和 10 大跨海大桥中的 7 座，并打造了多个海内外经典项目。[1]

---

1. 国复咨询 . 中国对外承包商分析系列报告 2020 [EB/OL] . [2022-09-26] .

中国如此强大的海外工程承包实力究竟是如何发展起来的？从时间上看，在中国对外工程承包商发展壮大的过程中，主要有三个关键时间节点：1978 年、2000 年和 2017 年。

对外工程承包起步

中国对外承包工程业务起步于 20 世纪 50 年代。当时交通部[1]设有专门的援外办公室，自 1958 年起开始承接中国政府的海外援建项目。在此后至 1978 年的 20 年里，交通部援外办在老挝、也门、卢旺达、尼泊尔、苏丹等对华友好的第三世界国家先后援建了 80 多个项目。1976—1978 年，应少数友好国家政府的要求，中国政府也开始帮助建设一些自筹资金的工程项目，但合同金额较小，累计仅为 220 万美元。

1978 年，经国务院批准，在交通部援外办基础上，中国正式组建成立了第一家对外承包工程企业——中国建筑工程公司（1982 年 6 月更名为中国建筑工程总公司，以下简称"中国建筑"）。1979 年，中国公路桥梁工程公司（以下简称"中国路桥"）和中国土木工程公司（以下简称"中国土木"）相继成立。这三家企业加上对外经济联络部所属的专门从事国际经济合作的中国成套设备出口公司，构成"四大国企"，以"守约、保质、薄利、重义"为经营原则，率先开展了中国对

---

1. 全称是"中华人民共和国交通部"。2008 年 3 月 23 日，根据十一届全国人大一次会议通过的《国务院机构改革方案》，新组建的中华人民共和国交通运输部挂牌。

外承包工程业务。

1979 年，"四大国企"在伊拉克、也门、埃及、索马里、马耳他等国家和地区签订 24 项对外承包工程合同，总金额 3352 万美元，由此揭开了中国对外承包工程业务发展的序幕。其中，中国路桥承揽的伊拉克摩苏尔四桥项目是中国公司中标的首个合同额在 3000 万美元以上的项目。[1]

1992 年，经过外经贸部[2] 批准，当年新增 36 家国内大型甲级设计院对外开展设计咨询业务，为拓展设计咨询国际市场、扩大高层次技术合作、带动国产设备材料出口发挥了重要作用。

在这个阶段，以中国路桥为代表的国有承包商的海外发展路径极为雷同。首先都是以劳务输出、小型经济合作项目和实施援外项目为主，后来随着国家相关鼓励政策的出台，逐渐利用国内劳动力、材料价格方面的比较优势，实施以土建承包等低附加值项目为主的工程总承包。

2000 年前后，随着国家逐渐明确实施"走出去"战略，对外承包迎来高速发展的新阶段。2000 年，国务院办公厅转发外经贸部等部门《关于大力发展对外承包工程意见》的通知[3]，明确发展对外承包工程是贯彻落实国家"走出去"战略的重要措施。此后，越来越多的工程承

---

1. 中华人民共和国商务部 .2020 年度中国对外承包工程统计公报 [M] .北京：中国商务出版社，2021.
2. 全称是"中华人民共和国对外贸易经济合作部"。2003 年 3 月，根据第十届全国人民代表大会第一次会议审议通过的《国务院机构改革方案》，不再保留对外贸易经济合作部。
3. 国务院办公厅 .国务院办公厅转发外经贸部等部门关于大力发展对外承包工程意见的通知：国办发［2000］32 号［A/OL］.（2010-12-30）［2022-08-26］.

包商开始进军海外市场。

2004年，中国对外承包工程新签合同额首次突破200亿美元[1]，中国对外承包工程自此进入长达十余年的快速增长期。2005年中国路桥和中国港湾合并，成立了中交集团，其后来发展为全球排名第一的国际工程承包商。2017年，中国企业新签对外承包工程合同额达到2652.8亿美元的历史峰值（见图3-1），业务涵盖交通运输、一般建筑、电力工程、石油化工、电子通信建设五大领域，其中八成为基础设施建设项目。

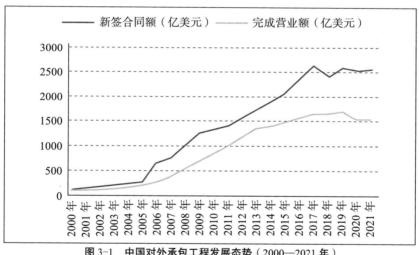

图3-1 中国对外承包工程发展态势（2000—2021年）

资料来源：商务部《2020年对外承包工程统计公报》，2021年数据为商务部公开发布数据

---

1. 商务部.2004年我国对外承包工程业务简明统计［EB/OL］.（2005-02-06）
   ［2022-09-26］.

大象起舞的时代

经过 40 多年的发展，中国对外承包工程企业凭借一流的自主研发和技术创新能力，获得了越来越多国家和地区的认可。中国基建企业的全球竞争力稳步提高，承包方式也发生深刻变革，从传统承包向 EPC[1]、PMC[2] 等一揽子交钥匙工程模式和 BOT[3]、PPP[4] 等带资承包方式转变。

2017 年，随着中国对外工程承包新签合同额见顶，整个行业开始进入洗牌和整合的新阶段。在外部环境趋向严峻的情况下，头部公司的签约金额却仍在创历史新高，行业集聚度呈现不断提高的趋势。各类境外总包资源加速向具有强大核心竞争力的"行业大象"聚集，大象起舞的时代正在到来。

2020 年，面对严峻复杂的国际形势，特别是新冠肺炎疫情的严重冲击，中国对外承包工程业务实现了平稳发展。当年中国企业共在 184

---

1. 工程总承包（Engineering Procurement Construction，EPC），该合同模式是指承包方受业主委托，按照合同约定对工程建设项目的设计、采购、施工等实行全过程或若干阶段的总承包，并对其所承包工程的质量、安全、费用和进度进行负责。
2. 项目管理承包（Project Management Contract，PMC），该合同模式是指项目业主聘请一家工程公司，国际上一般为具备相当实力的、能承接大型多套复杂项目工程设计采购建设的工程公司。
3. 建设－经营－转让（build-operate-transfer，BOT），该合同模式是指私营企业参与基础设施建设，向社会提供公共服务的一种方式。
4. 政府和社会资本合作 PPP（Public-Private Partnership，PPP），该合同模式是公共基础设施中的一种项目运作模式。

个国家和地区开展对外承包工程业务，全年新签合同额为 2555 亿美元，完成营业额 1559 亿美元。

通过在全世界开展工程承包活动，中国基建企业深度参与相关国家基础建设，并在多个领域取得重大成果。2021 年，中老铁路、以色列海法新港等重大海外基础设施建设项目顺利竣工，中巴经济走廊、比雷埃夫斯港、雅万高铁、匈塞铁路等建设运营稳步开展。这些基础设施建设项目的落地，预期将为相关国家的经济复苏提供强劲动力。

2021 年，在美国《工程新闻记录》（ENR）发布的"全球最大 250 家国际承包商"榜单（"ENR250"）中，共有 78 家中国企业入围，占比 31.2%（见表 3-1）。其中，中国交建、中国电建和中国建筑稳居榜单前十强，进入前 100 强的中国企业达到 27 家。

表 3-1　中国企业入选"全球最大 250 家国际承包商"情况

时间（年）	入选企业数量（家）	占比（%）
2008	51	22.7
2009	50	22.2
2010	54	24.0
2011	50	22.2
2012	52	23.1
2013	55	22.0
2014	62	24.8
2015	65	26.0
2016	65	26.0

（续）

时间（年）	入选企业数量（家）	占比（%）
2017	65	26.0
2018	69	27.6
2019	75	30.0
2020	74	29.6
2021	78	31.2

资料来源：历年美国《工程新闻记录》，其中入选企业数量为按上年度国际业务营业额排名；2013 年以前发布为全球最大 225 家国际承包商排名，以后调整为 250 家

　　必须指出的是，由于 ENR250 榜单采取自愿申报制，相当多的中资企业，尤其是地方国有企业或民营企业，并没有参与申报或以集团名义共同申报。如果对比中国商务部发布的 2020 年中国对外承包 100 强，最后一名的完成合同额也有 2.8 亿美元，是 ENR250 榜单最后一名的将近 10 倍，相当于第 150 名。也就是说，中国对外承包工程企业的实际整体实力应该比 ENR250 榜单显示的还要强得多。

　　在当前阶段，中国的对外工程承包企业的出海梯队基本形成，大体可以分为三个层次。第一个层次是以中国交建、中国电建和中国建筑等为代表的一线承包商，具有多领域全产业链完成能力和明显的带动效应。第二个层次是以葛洲坝、中工国际等为代表的二线承包商，在若干专业基础设施领域具有较强的国际竞争力。第三个层次是以地方施工企业、设计单位等为代表的三线承包商，往往倾向于聚焦特定

领域或特定境外区域深耕细作。那些净资产不足、抗风险能力较差的施工企业和窗口企业，即将面临业务机会快速萎缩甚至最终消亡的结局。

"中国对外工程承包，开局是胆识，中场是投资，终局是商业生态。"在大象起舞的时代，对外承包商已经不能仅仅满足于做工程的开发、投资、建设和运营，唯有不断创新模式、完善商业生态，才能获得持久的国际竞争力。

放眼未来，对工程项目的认知层次，将决定一个承包商的未来发展空间。例如，在互联网新时代，许多基础设施建设项目本身就是一个巨大的平台流量入口，如果能够有效整合和利用平台产生的流量，进行跨界生态整合，可能对整个基础设施建设行业带来颠覆性的影响。更多的跨界资源整合，可能成为对外承包工程行业新的趋势和亮点。

既然已经拥有全球较强的对外工程承包商团队，具体我们可以做些什么呢？这是我们接下来要介绍的故事。

六大国际经济走廊

美国前总统安全顾问、著名战略家布热津斯基在 1997 年出版了一本地缘政治学经典著作《大棋局：美国的首要地位及其地缘战略》。在这本书中，布热津斯基深入探讨了美国的欧亚大陆地缘战略，旗帜鲜明地提出欧亚大陆是美国最重要的地缘政治目标。书中提出，如果把欧亚大陆视为一盘大棋，美国作为"棋手"如何"管理"欧亚大陆至关重要——由于欧亚国家的力量加在一起远远超过美国，如何防止欧亚大陆国家通过某种方式联合起来，形成合力，是维护美国全球霸权的关键。[1]

我们可以看到，在该书出版至今的 20 多年里，美国确实在忠实地执行着布热津斯基提出的战略谋划——通过在欧亚大陆的西部、东部和南部边缘巧妙施展各种地缘政治手段，同时在主要中间地带不断制造事端、冲突甚至战争，防止主要国家形成合力，确保美国唯一全球性大国的地位。

不过，这样的谋划，虽然符合美国的战略利益，但是符合欧亚大陆国家的利益吗？这显然是个值得商榷的问题。

欧亚大陆一体化构想

欧亚大陆，也称"亚欧大陆"，实际上是欧洲大陆和亚洲大陆的合称，占地球陆地面积的 35%，其上约有 50 亿人口，占世界人口总数的 70%，包括 90 多个国家和地区，当前生产总值约占全球生产总值的 65%。人类的早期文明，几乎都发源于亚欧大陆或与之毗邻地区。整个大陆大体可以分为西部的欧洲板块、东部的东亚板块和广大的中间地带。历史上这三个板块之间的相互交流和联系，一直是促进人类文明

---

1. 布热津斯基 . 大棋局：美国的首要地位及其地缘战略 [M] . 中国国际问题研究所，译 . 上海：上海人民出版社，2007.

发展的重要动力。

欧亚大陆的地形决定了大陆内部的交流开展得并不容易。从阿尔卑斯山脉，到乌拉尔山脉、第比利斯山脉、黑海、里海，再到青藏高原、阿尔泰山脉，从西向东需要经过崇山峻岭、盐湖沼泽。在过去的两千多年里，广袤的欧亚大陆诞生过古罗马帝国、汉唐帝国等疆域广阔的帝国主体，不同区域的帝国之间的交流也几乎从未断绝。但是，近代以来，由于帝国主义在亚洲各区域的殖民活动，亚欧大陆被分隔为不同的小板块，逐渐碎片化发展，不同板块之间的联系被迫中断，极大地削弱了亚欧大陆的影响力。

第二次世界大战以后，以欧洲区域经济一体化为代表，欧亚大陆国家寻求地区经济复兴，积极推动区域内资源和市场整合，促进关键要素相对自由流动，试图重建区域影响力。各种推动欧亚大陆一体化的宏伟构想，纷纷勾勒出欧亚大陆地缘经济力量整合可能带来的重大发展机遇。其中最有代表性的是 1960 年有关国家提出修建从新加坡到土耳其伊斯坦布尔的长达 1.4 万千米铁路的构想。这个计划也是广义的"泛亚铁路"构想的雏形，旨在以铁路实现整个亚洲地区与欧洲和非洲地区的联通。

尽管所有参与方都知道，欧亚大陆内部形成资源和市场的联通，将极大促进区域经济发展和民生福祉，提升区域竞争力，但是复杂历史原因导致的大陆各地区国家间内部纠纷，以及外部力量的不断干扰，使得这些亚欧大陆一体化构想基本都停留在早期讨论阶段。斗转星移，许多曾经的积极倡导者都已经心灰意冷或垂垂老矣。推动欧亚大陆一体化，似乎只是空中楼阁，只是一个无法实现的美梦。

其实，美好的蓝图与落寞的现实之间，有时差的只是一个具有强大行动力的执行者。

中国的新方案

2013 年，中国领导人在访问哈萨克斯坦和印度尼西亚时，分别提出了构建"丝绸之路经济带"和"21 世纪海上丝绸之路"的倡议。这一次，中国的落实行动很迅速。2015 年中国政府发布了《推动共建丝绸之路经济带和 21 世纪海上丝绸之路的愿景与行动》，明确提出要共同推进国际骨干通道建设，在陆上共同打造新亚欧大陆桥、中蒙俄、中国－中亚－西亚、中国－中南半岛等国际经济合作走廊[1]。

中国推动建设六大国际经济合作走廊的方案很实在。交通是经济的脉络和文明的纽带。从古丝绸之路的驼铃帆影，到航海时代的劈波斩浪，再到现代交通网络的四通八达，以交通推动经济融通、人文交流，是欧亚大陆一体化发展的必然路径。因此，基础设施互联互通是国际经济合作走廊建设的基石，实现交通基础设施互联互通是第一步。中国的新方案从与周边国家的跨境联通起步，实践操作性更强。这种稳扎稳打、务实推动的方式，为实现欧亚大陆一体化发展带来了希望。

---

1. 国家发展改革委、外交部、商务部 . 推动共建丝绸之路经济带和 21 世纪海上丝绸之路的远景与行动［EB/OL］.（2015-03-29）［2022-09-26］.

具体来看，六大国际经济合作走廊建设由于提出时间有早有晚，发展基础也各不相同，其规划与建设合作进展也有较大差异。新亚欧大陆桥、中国－中南半岛和中巴经济走廊等由于沿线国家的积极响应，基础设施建设规划、技术标准体系的对接较为顺利，已经取得较大进展，并且各有特色，基础设施网络初见雏形。

新亚欧大陆桥

新亚欧大陆桥是联动中国和欧洲的陆上铁路大通道，东端是活跃的亚洲东部经济圈，西端是发达的欧洲经济圈，中间是地域广阔、发展潜力巨大的亚欧大陆腹地。1990 年，随着北疆铁路的建成通车，新亚欧大陆桥早已实现物理上的贯通。但是由于各国铁路标准、海关协商等难题，多年来都无法真正实现从中国到欧洲的畅通无阻。

2011 年 3 月，首趟"渝新欧"班列从中国重庆发出开往德国杜伊斯堡，开启了中国与欧洲铁路直通的序章。2011 年 9 月，在重庆市政府的积极推动下，中国、俄罗斯、哈萨克斯坦、德国等多国铁路部门签署共同促进"渝新欧"国际线路常态开行合作备忘录。2013 年，"渝新欧"国际铁路大通道正式启动"安智贸"项目试点，实现对运输商品的沿线国家关检互认，打开了中国内陆通向欧洲的陆上新通道。这条陆上运输线的建成通车，可以极大地缩短中国到欧洲各国的客货运输距离和时间，比绕印度洋走海路运输时可缩短 50%。

在"渝新欧"的带动下，更多的中国城市复制重庆模式，陆续开通了前往欧洲的铁路货运班列，各种"某新欧"遍地开花，中国与欧洲各国之间的货运班列数量快速增长。2016 年，中国铁路总公司正式启用"中欧班列"统一品牌。同年，《中欧班列建设发展规划（2016—2020 年）》正式发布，提出了完善国际贸易通道、优化运输组织、加强资源整合、创新服务模式等任务，标志着中欧班列发展进入优化升级的新阶段。

2020 年新冠肺炎疫情暴发以来，中欧班列成为从中国向欧洲运送防疫物资、打通中欧"生命通道"的钢铁驼队，对保障全球产业链、供应链稳定，护佑中欧班列沿线各国人民生命安全和身体健康，发挥了重要作用。受疫情频频反弹、海运价格高企、空运运力不足、公路口岸不畅等因素影响，中国与欧洲之间的海运、空运和公路运输货物持续向铁路转移，纷纷"涌向"中欧班列。2021 年，中欧班列全年开行 1.5 万列（见图 3-2），运送货物 146 万标箱，货值 749 亿美元，实现逆势大幅增长。[1] 中欧班列已经成为国际贸易和运输体系不可或缺的重要组成部分，新亚欧大陆桥也正在新的历史征程中焕发出勃勃生机。

---

1. 国家发展改革委 .2021 年中欧班列开行再创佳绩 成为畅通亚欧供应链的一条大通道 [EB/OL] .（2022-02-21）[2022-09-26] .

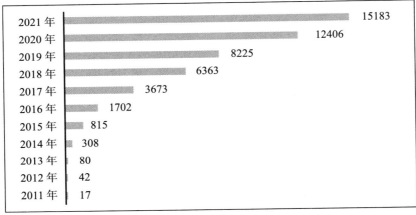

图 3-2 中欧班列开行数量的变化（2011—2021 年）

中国 – 中南半岛经济走廊

中国 – 中南半岛经济走廊是一条国际合作大通道，它以中国西南的云南和广西为主要门户，向北延伸至中国广大内陆腹地和东部沿海地区，向南经越南、老挝、柬埔寨、缅甸、泰国延伸至马来西亚和新加坡。推动互联互通，首先要畅通合作通道，加快推动以泛亚铁路、高等级公路、海上航运、航空线路、网络信息并举的骨干基础设施通道建设，优先推进关键节点项目建设，加强基础设施建设规划和技术标准体系的交流对接。

从中国昆明到新加坡的泛亚铁路（东南亚段），是目前中国 – 中南半岛经济走廊上最关键的跨境交通基础设施项目。早在 20 世纪 50 年代，联合国亚洲及太平洋经济社会委员会就提出了"泛亚铁路"的计划，旨在打造欧亚大陆铁路运输网络，对促进欧亚大陆内部经济交流与一体化发展具有重要战略意义。但是，直到 2006 年，与此相关的 17 个亚洲国家才签署了一个正式的《泛亚铁路网政府间协定》，当时计划在 2009 年正式生效。不过，由于相关国家内部矛盾和域外国家阻挠，该协议始终难以进入落地实施阶段。

2015 年，中国和老挝正式启动中老铁路建设，再到 2021 年中老铁路正式建成通车，是泛亚铁路实质性建设的一个突破性进展。正如本章开头所说，中老铁路使得老挝由"陆锁国"变为"陆联国"，结束了老挝境内只有 3.5 千米铁路连接泰国的历史，极大地提高了老挝境内的运输效率和水平，也使中老之间的互联互通实现跨越式发展。未来，随着中老铁路向南与泰国、马来西亚等国铁路相连，整个中南半岛的南北大动脉有望彻底打通，这将极大地促进东南亚区域的经济一体化发展。

中巴经济走廊

中巴经济走廊是中国与巴基斯坦合作的旗舰项目。这条走廊北起中国新疆喀什，南至巴基斯坦瓜达尔港，全长 3000 千米，两端分别衔接"丝绸之路经济带"和"21 世纪海上丝绸之路"，是一条包含公路、铁路、油气和光缆通道的综合经济走廊。

当前，中巴经济走廊正在紧锣密鼓地建设中，并在港口、能源、交通、产业合作等领域都取得了阶段性成果。到 2021 年年底，瓜达尔港已经具备全作业能力；萨希瓦尔、卡西姆港等电厂已投入发电，可满足巴基斯坦全国 1/3 的电力供应；莫蒂亚尔－拉合尔高压直流输电项目的建成，极大地改善了巴基斯坦重要经济中心旁遮普省与首都伊斯兰堡地区的电力短缺状况，是巴基斯坦国家电网南北输电的"大动脉"；巴基斯坦国内首条城市轨道交通——拉合尔橙线项目已经竣工通车并实现商业运行；"中巴友谊路"喀喇昆仑、白沙瓦－卡拉奇高速公路竣工并通车；拉沙卡伊特别经济区举行了开园仪式；这些举措共同开创了产业合作新局面。

经过多年的协商与合作，中蒙俄、中国－中亚－西亚和孟中印缅经济走廊的规划建设也都在稳步推动。中蒙俄经济走廊在 2016 年已由三国首脑见证，三国签署了《建设中蒙俄经济走廊规划纲要》，内容涵盖交通基础设施发展及互联互通、口岸建设和海关以及检验检疫监管、产能与投资合作、经贸合作、人文交流合作、生态环保合作、地方及边境合作七大方面，其中部分项目已经进入实施阶段。中国—中亚—西亚经济走廊尚未形成整体性的框架或倡议，但中国与相关区域国家在双边层面的能源合作、设施联通、贸易往来、产能合作等都在不断深化中。孟中印缅经济走廊四方联合工作组早在 2013 年就已经成立并启动相关工作，但受相关国家政局变化、地缘政治博弈等影响，目前仍处于规划研究阶段。

"道路通，百业兴。"推动建设六大国际经济合作走廊，是中国坚持以发展为核心，着力打破传统地缘政治和自然地理条件对经济活动的限制，实现生产要素在亚欧大陆大时空范围内的优化配置，是推动与相关国家实现互利合作、共同发展的务实举措。随着这些宏大设想陆续变成现实，欧亚大陆区域性发展不平衡问题有望得到改善，一个新的"亚欧时代"正在开启。

― 跨境能源互联互通 ―

能源是人们日常生活的物质基础和社会经济发展的动力源泉，也是关系人类可持续发展大局的关键资源。推动能源基础设施互联互通，是优化跨区域能源资源联通和配置水平，实现能源清洁低碳安全高效利用的重要手段。对中国来说，推动周边能源基础设施互联互通是最优先方向，跨境油气运输通道建设、跨境电力与输电通道建设和区域电网升级改造是合作重点。

跨境油气管道

经过多年努力，中国已经建成西北、东北、西南三大陆上油气运输通道，并与俄罗斯、蒙古、越南、老挝、缅甸等周边国家实现了部分电力的互联。

作为世界上最大的石油和天然气进口国，中国的油气资源对外依存度极高，且主要通过海运进口。2021 年，中国原油对外进口依存度高达 72%，天然气进口依存度约 42%。建设跨境油气运输通道，降低海运进口依存度，是提升中国油气资源保障安全性的重要途径。

西北方向的中哈原油管道和中亚天然气管道，率先开启了中国跨境能源基础设施建设的大幕。中哈原油管道是中国建成的首条跨境原油管道，西起哈萨克斯坦西部阿特劳，东至中国新疆独山子，全长2800多千米，2006年全线建成，年输油能力约2000万吨。中国–中亚天然气管道在2009年投入运营，将土库曼斯坦、哈萨克斯坦的天然气，经新疆霍尔果斯向中国东部地区输送，是迄今为止世界上距离最长的"天然气大动脉"。

这些跨境能源基础设施建设，实际上都是中国响应相关国家提出倡议或构想，依托中国资金或技术优势，实现双方互利共赢的产物。中国–中亚天然气管道的建设故事具有很强的代表性。

土库曼斯坦在建国之初制定的《十年稳定》规划中，就提出要通过多元化出口天然气实现国家富强，包括向西、东、南和西南四个方向的管道建设方案。1992年，土库曼斯坦建国之父、总统尼亚佐夫首次访问中国前，在接受新华社记者采访时说："从长远看，我们可能修建从土库曼斯坦经中亚国家通向中国的输气管道项目。"不过，当时由于各方条件尚不成熟，这个倡议没有取得实质性进展。

2005年，在尼亚佐夫总统的大力推动下，中国与土库曼斯坦正式启动对建设中国–中亚天然气管道的磋商。2006年，两国元首在北京人民大会堂签署了建设中亚天然气管道的协议[1]。2007年，两国企业签

---

1. 张国宝．筚路蓝缕：世纪工程决策建设记述［M］．北京：人民出版社，2018．

署天然气购气协议。2009 年 12 月，中国 – 中亚天然气管道实现 ABC 线三线通气投产[1]。2021 年，中国 – 中亚天然气管道全年向中国出口天然气 441 亿立方米[2]，约占国内天然气消费总量的 11.8%，全国天然气年进口量的 26.3%。目前，D 线管道也在积极建设中，建成后，中国 – 中亚天然气管道的整体输气能力将达到 850 亿立方米 / 年[3]。

为了实现对中国的天然气出口，土库曼斯坦先后向中国贷款 81 亿美元进行天然气开采。2021 年 6 月 11 日，土库曼斯坦政府表示，已全部如期向中国偿还曾经用于天然气管道建设的贷款及利息。与此形成鲜明对比的是，2002 年由西方国家提出的经里海输往欧洲的纳布科管道，早于中国 – 中亚天然气管道提出，但历经 11 年反复论证却始终没有进展，最终胎死腹中，于 2013 年 6 月正式宣告失败。

中国和土库曼斯坦的天然气管道建设及长期购气合作，在满足中国国内清洁高效天然气资源需求的同时，有力地支持了土库曼斯坦天然气产业链的发展，堪称中国与周边国家通过跨境基础设施建设和产业合作，实现互利互惠、共同发展的典范。

在东北和西南两个方向，中俄油气管道和中缅油气管道近年来也

1. 人民网 . 深化能源合作　助力丝路建设——中亚天然气管道 D 线介绍［EB/OL］.（2014-11-15）［2022-08-26］.
2. 石油商报 . 李永昌：2021 年我国天然气运行情况浅析［EB/OL］.（2022-02-21）［2022-08-26］.
3. 人民网 . 深化能源合作　助力丝路建设——中亚天然气管道 D 线介绍［EB/OL］.（2014-11-15）［2022-08-26］.

相继投入使用，在拓宽国内能源进口渠道的同时，也起到了深化中国与俄罗斯、缅甸的政治互信的重要作用。随着中巴经济走廊建设加速，从巴基斯坦瓜达尔港到新疆喀什的油气管线一直在规划研究中，未来可能成为国内油气资源进口的新通道。

跨境电力与输电通道

中国与老挝、越南和缅甸等中南半岛国家在电站建设、电网联网和电力输送等方面的投资合作历史悠久，多年来稳步发展。2005年，由云南机械设备进出口公司建设的邦朗电站正式竣工，成为缅甸最大的水电站，总装机容量占到当时缅甸国家电网总容量的1/4，被称为缅甸的"三峡工程"。

在东南亚国家中，老挝与中国、泰国、缅甸、越南等国家接壤，境内水利资源较为丰富，但存在严重的季节性缺电，多年来都需要从泰国、越南和中国进口电力。通过与中国开展电力合作，老挝解决了困扰多年的电力"丰余枯缺"问题。2016年以来，随着老挝境内多个大型水电工程陆续开始发电，老挝国内电力出口实现重大突破，并提出了打造"东南亚蓄电池"的目标。

中国多年来都是缅甸最大的投资国。截至2019年年底，中国电建在缅甸先后建设了将近40个项目，订单总额高达26亿美元。2016年，中国超过越南，成为老挝的最大投资国，投资领域涵盖水电站、电网、铁路等。同年，南方电网与老挝国家电力公司、越南河内－万象电力公司等，签订了中国经老挝向越南送电的备忘录，这标志着中老越电网互联互通取得实质性进展。总体来看，中国企业对东南亚国家的电力投资，有力地推动了东南亚地区实现电力互联互通的进程。

全球能源互联网

中国推动能源基础设施互联互通还有一个更宏大的全球发展愿景：构建全球能源互联网，推动以清洁和绿色方式满足全球电力需求。

2015 年 9 月，中国率先在联合国发展峰会上发出"探讨构建全球能源互联网，推动以清洁和绿色方式满足全球电力需求"的倡议。这是中国为应对全球能源挑战，推动世界能源变革和可持续发展提出的"中国方案"。2016 年 3 月，全球能源互联网发展合作组织在中国北京正式成立，成为推动全球能源互联网倡议落实的重要力量。

构建全球能源互联网是一个极具前瞻性的宏伟构想，也是首个对全球范围的能源电力发展的系统性解决方案。其实质是"智能电网＋特高压电网＋清洁能源"，是清洁主导、电为中心、互联互通、共建共享的现代能源体系，是清洁能源在全球范围大规模开发、输送、使用的重要平台。

该方案通过综合运用低碳能源技术与特高压、智能电网等技术，在电源端和输电端同时发力，从根源上减少对化石能源的高度依赖。为更好地应对全球气候变化的重大挑战，该倡议提出：到 2050 年，由化石能源主导转变为清洁能源主导，根本解决全球无电人口用电问题，为实现1.5℃～2℃温升控制目标发挥关键作用，拉动经济增长，打造和平、普惠、共赢的全球治理新格局。

如图3-3所示，根据全球能源互联网的构想，未来将按照国内互联（2025年）、洲内互联（2035年）、全球互联（2050年）三个阶段，通过加快建设跨国跨洲电力大通道，从实现跨国联网起步，到各大洲内电网互联，再到亚非欧和美洲跨洲联网，建设北极能源通道，最终形成"九横九纵"全球能源互联网骨干网络，打造覆盖五大洲的"能源大动脉"。[1]

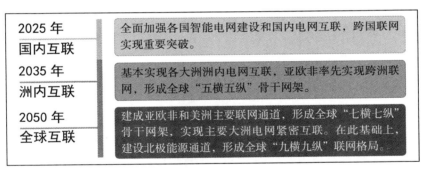

图3-3　全球能源互联网规划实施的路线图

全球能源互联网倡议及后续方案的提出，是中国在国际能源合作领域的重要贡献，对加快能源转型、应对气候变化、促进经济社会发展和促进世界和平和谐都具有重要意义。经过多年努力，该倡议逐渐

1. 全球能源互联网发展合作组织.全球能源互联网研究与展望［M］.北京：中国电力出版社，2019.

成为全球共识与行动，并被纳入落实联合国"2030 年议程"、巴黎协定等工作框架。

　　该倡议的提出，也标志着中国已经进入主动参与并引领国际能源规则制定的新阶段。随着中国能源企业全球竞争力不断提高，通过主动对接和参与全球能源转型，以国家电网、南方电网等为代表的国有电力企业，以及金风科技、正泰科技等民营新能源企业，都将迎来一波全球投资合作的新高潮。

小 结

　　中国倡导的"要想富，先修路"的发展逻辑，根植于改革开放 40 多年国内经济高速发展的成功经验，也是中国大力推动境外基础设施建设的根本出发点。中国对外工程承包商的整体性崛起，为推动海外基础设施互联互通提供了前提条件。从推动国际骨干经济通道到全球能源互联网建设，中国推动海外基础设施互联互通的构想是宏伟的，行动是务实的。从 B3W 计划到全球门户计划，主要发达国家在中国强大的海外基建能力面前，也纷纷摆出要"分一杯羹"的架势。这一次，广大发展中国家能否真正迎来一波基建引领的投资发展热潮呢？若果真如此，全球基础设施互联互通的理想将照进现实，中国基建企业也将迎来一个造福全球的新时代。

思 考

1．中国推动海外基础设施互联互通的主要内涵是什么？

2．如何理解发展中国家开展基础设施建设面临的"债务风险"？

3．中国对外工程承包企业的实力如何，有何特征？

4．当前六大国际经济走廊建设进展如何，各自有何特征？

5．中国提出的全球能源互联网倡议的主要内容是什么？

4.

中国制造的全球布局

中国制造业的高速发展，是我们所关注的制造业对外投资的宏观叙事背景。中华人民共和国成立至今，中国制造业的发展可以概括为"三个30年"。第一个30年是从中华人民共和国成立到改革开放前。这是中国制造发展的奠基阶段，核心是效仿苏联，初步建立包含重化工在内的完整产业门类体系。第二个30年是改革开放的前30年，是中国制造通过引进来，不断吸收国外先进技术、管理模式、生产经验等，主动对接全球产业体系，实现加速发展的阶段。第三个30年是从2008年金融危机后到2035年左右，这是中国制造对标世界一流水平，不断优化全球布局的赶超阶段。

现在，中国正处于第三个30年的赶超阶段，从制造大国迈向制造强国是这个阶段的核心任务。在世界500多种主要工业产品中，中国已有220多种工业产品的产量位居全球第一[1]，稳居世界第一制造大

---

1. 人民网.我国220多种工业产品产量位居世界首位［EB/OL］.（2021-06-28）［2022-08-26］.

国。中国也是全世界唯一拥有联合国产业分类中全部工业门类的国家。但是，我国制造业总体上大而不强，自主创新能力弱，关键核心技术和高端装备对外依存度高，企业全球化经营能力不足，缺少世界知名品牌。因此，我国政府在 2021 年发布的"十四五"规划纲要中，明确提出要深入实施制造强国战略，要推进产业基础高级化、产业现代化，保持制造业比重基本稳定，增强制造业竞争优势，推动制造业高质量发展。

中国制造业的对外投资起步于第二个 30 年，并在第三个 30 年进入加速发展阶段。开展制造业产品的出口贸易，是中国参与国际经济合作与竞争的初级阶段，成就了中国的"制造大国"地位。随着中国经济进入高质量发展新时代，越来越多的企业在境外投资建厂、并购企业或设立研发中心等，制造业对外投资日益成为中国对外投资的重要组成部分。

商务部发布的《中国对外直接投资统计公报》显示，截至 2020 年，中国制造业对外投资约占全部对外直接投资存量的 11%。但这个数据可能存在对制造业统计口径偏窄导致的较大低估。世界经济合作与发展组织（OECD）发布的一份研究报告认为，截至 2017 年，中国制造业对外投资约占总存量的 39%[1]。全球化智库（CCG）发布的《中国企业

---

1. MOLNAR M，YAN T，LI Y . China's outward direct investment and its impact on the domestic economy [J] . OECD Economics Department Working Papers，2021（36）：17.

全球化报告2020》指出，2018—2019年中国企业对外投资发生在制造业的数量最多，占比达到46.9%[1]。

— 轻工制造的腾飞 —

放眼整个中国制造业，真正已经全面走向全球、奠定中国"世界工厂"地位的，首先是轻工制造业。轻工制造业包罗万象，涉及衣食住行，是我国国民经济的传统优势产业，也是关乎国计民生的重要产业，涵盖纺织、家电、电池、陶瓷、五金、食品、日化等20多个行业大类。改革开放40多年来，中国逐渐确立了世界轻工生产大国、出口大国和消费大国的地位。钟表、自行车、缝纫机、电池、啤酒、家具、塑料加工机械等100多种轻工产品的产量居世界第一[2]。

轻工业的全球扩张

中国轻工制造业的腾飞，是本土轻工企业从小到大、从弱到强，产能不断扩张，国际竞争力持续提升的过程。以家电行业为例，多数企业以产品出口带动海外直接投资，在全球开展生产制造布局，部分

---

1. 王辉耀，苗绿. 中国企业全球化报告2020［M］. 北京：社会科学文献出版社，2020.
2. 新华社. 我国100多种轻工产品产量居世界第一［EB/OL］.（2019-07-10）［2022-08-26］.

领先企业还通过海外并购实现转型升级。其中，广东佛山顺德千亿级家电产业集群，就是通过产能从国内向国外持续扩张，最终成功走向全球的典型代表。

在中国"家电名镇"佛山顺德北滘镇，92 平方千米内集聚了近200 家规模以上家电企业，形成了全国乃至全球规模最大、品类最齐全的家电配件产业链，每年家电产量超过 2 亿件，产值占全国总产值的10%，其产品被出口到全球 200 多个国家和地区。在北滘镇家电产业集群 30 多年不断发展壮大的过程中，对外投资起到了至关重要的加速作用。

例如，北滘镇家电龙头美的集团早在 1988 年就开始出口产品，2006 年在越南建立第一个海外生产基地，拉开了在海外直接投资建厂的序幕。此后，美的集团坚持出口与投资并重，在全球各大区域先后建立 17 个海外生产基地。2016 年，美的集团还以 292 亿元成功收购德国"工业明珠"——库卡机器人，自此进入工业机器人领域。

2020 年年底，我在广东调研新冠肺炎疫情的影响时，美的集团海外部门负责人的话，给我留下了很深的印象。他说："本次疫情影响表明，家电企业开展全球生产布局很有必要。只有在主要市场国家都有本地化生产时，面对竞争对手因疫情物流限制留出的市场空白，我们才能迅速发力抢占市场，实现销售额的逆势增长。"

事实证明了这位负责人的话。从疫情暴发至今，整个佛山顺德的家电产业收入不降反增。美的集团 2020 年经营业绩持续向好，尤其第三季度海外订单同比增长超 50%，有力地支撑了全年营业收入的增长，达到创纪录的 2857 亿元。

除了美的集团，其他提前开展了全球生产布局的顺德家电企业，也都在本次疫情中也获得了逆势增长的机会。例如，2020 年后，格兰仕海外市场持续"爆单"，微波炉、冰箱、面包机、洗碗机等健康家电海外销售量均大幅增长，2022 年一季度外贸订单增长达到 30% 以上[1]。

广东佛山某陶瓷机械企业的跨国成长过程，则体现了另一种轻工制造企业产能跨国扩张的典型路径。该企业在国内只做陶瓷产业的上游环节——陶瓷机械的制造，技术水平已经基本做到国内领先，产品大量出口到全球各主要区域。后来，该企业在向非洲客户出口陶瓷机械的过程中，发现非洲几乎没有陶瓷工业，未来市场潜力空间很大，于是在 2015 年开始在非洲成立陶瓷厂，进入产业链下游环节，直接生产销售陶瓷产品。

到 2020 年，该企业已经在非洲 5 个国家和地区成立了陶瓷工厂。这些工厂由于在当地及周边都没有竞争对手，利润率颇高，已经成为企业的"现金牛"。同时，其项目由于对解决非洲当地就业和上缴政府税收贡献都很大，成为东道国政府高度重视的工业化项目。新项目的开工仪式都是由东道国政要来主持的，这些项目成为中非产业实合作的代表。

这些成功的故事，都是中国轻工制造业在全球扩张的重要缩影。

---

1. 中国经营报.格兰仕"出海"新故事：从产品远销到资本赋能［EB/OL］.（2022-02-26）［2022-08-26］.

对大多数发展中国家来说，轻工业属于国家向工业化转型的入门级产
业，发展难度相对较低，经济效应和社会效应都比较高，也是最受投
资者欢迎的行业之一。对中国的轻工制造企业来说，在境外投资设厂
不仅可以规避贸易关税、降低生产成本并更好地拓展市场，也是企业
不断熟悉东道国政治商业环境、为适应国际市场需求调整业务结构、
持续提升国际化能力的过程。广大发展中国家的强烈招商愿望，与中
国企业的全球扩张需求，共同成就了中国轻工制造业的崛起。

纺织业的规律

纺织业是轻工制造业大类中发展历史最为悠久的细分行业，也是
企业对外投资积极性最高的产业之一。实际上，中国纺织业最初的发
展就是承接国际产业转移的结果。

第一次工业革命以来，全球纺织制造中心经历了六轮较为明显的
转移。近代纺织工业起源于第一次工业革命时期的英国；20 世纪初，
美国取代英国成为全球棉纺制造中心；第二次世界大战后，日本的纺
织品在美国的扶持下成为全球出口第一；20 世纪 70 年代以后，以亚洲
四小龙为代表的新兴国家和地区接替日本成为全球纺织业中心。

2001 年中国加入 WTO 后，东部沿海地区凭借劳动力和市场双重
优势，吸引并承接了第五次全球纺织业转移，逐渐建立全世界最为完
备的现代纺织制造产业体系，成为新的全球纺织制造中心。中国成为
全球最大的纺织品服装生产和出口国，每年纤维加工总量占世界 50%

以上。到 2020 年年末，中国纺织业规模占比超过全球的 50%，化纤产量占世界的 70%，贸易占全球 1/3。[1]

中国纺织生产能力与国际贸易规模长期居于世界首位，绝大部分指标已达到甚至领先于世界先进水平。浙江绍兴柯桥区是全球著名的"国际纺织之都"，国内最大的纺织产业集聚地和全球最大的纺织贸易集散地，也是公认的中国纺织业"晴雨表"。业内甚至有一句话：世界纺织看中国，中国纺织在柯桥。柯桥中国轻纺城是亚洲最大的布匹集散中心，产品总销售额占全国轻纺产品的 1/3，全球每年有 1/4 的面料在此成交。

鉴于纺织业在国民经济发展中的特殊地位，国内在管理口径上将纺织业单列出来，在轻工工业协会之外专门成立了纺织工业协会，指导纺织业发展。这充分体现了国家层面对纺织业发展的高度重视。

然而，人类的历史就好像相同故事一再重演。中国国内发展阶段、资源禀赋和比较优势的变化，推动开启了第六轮全球纺织业转移。2010 年以后，随着东部沿海地区经济水平提高、适龄劳动人口比重下降，"招工难"问题频现，劳动力成本大幅提高，并且工业用地成本快速攀升、环保政策完善，纺织企业利润空间不断压缩，在沿海地区进行规模再扩张遇到较大瓶颈，进行第六次纺织业转移势在必行。

为适应中国特殊国情和技术发展新趋势，这一轮的纺织业转移呈

---

1. 经济日报. 我国纺织强国目标基本实现［EB/OL］.（2021-01-18）［2022-08-26］.

现两个与过去不同的新规律。

第一个规律是从最开始就兵分两路。

一路是向国内广袤的中西部地区转移。国家层面陆续出台多个支持产业梯度转移的政策，尤其 2010 年工业和信息化部在《关于推进纺织产业转移的指导意见》中提出，加强中西部地区与东北地区纺织企业合作，承接纺织产业转移，逐步建立和完善纺织产业制造体系。

另一路是向东南亚等境外区域转移。也是在 2010 年前后，伴随着境外相关地区营商环境逐步改善，国内纺织企业开始向东南亚、南亚等劳动力成本较低地区转移部分产能。2018 年中美贸易摩擦加剧后，纺织品成为被加征关税的重灾区，又有一些以美国为产品主要市场的企业向境外转移产能。

第二个规律是产业链环节拆分转移的特征明显。纺织业全产业链涵盖"原材料生产－面料研发－设计－纺纱－印染－服装加工－销售"等诸多环节。拆开来看，纺纱、服装加工等劳动密集型环节是这一轮产能转移的重点，面料研发、设计、印染等技术或资本密集型环节大部分仍然保留在东部沿海地区。

在发达的交通基础设施和物流网络支持下，沿海的山东、江苏、浙江、广东的纺织业产业集群，与中西部地区及周边海外区域的合作日益紧密，形成了产业链深度协同关系。例如，东南亚纺纱业的许多产能是国内转移过去的，相关企业主要从中国采购所需的化纤类原材料，但棉纱的出口地又主要是中国。受此影响，原材料和中间品的进出口，逐渐成为国际贸易发展的新特征。

2020 年我在浙江柯桥调研时，当地一位知名面料企业高管对此有一段精辟的总结，他说："国内纺织业的产业转移进行了十多年。目前在国外扩张的都是外向型纺织企业，主要是中低端产能，并且绝大多数都已经完成在国外的生产布局。目前还没有在海外进行生产布局的企业，基本都是以国内市场为主的，也没有对外转移的需求。当然，也要谨防出现新的重大情况变化，驱使包括高端环节在内的纺织业全产业链向境外转移。"

纺织业的产业转移是当前中国国内制造业转移的一个重要缩影。多年来，随着东部地区"腾笼换鸟"，大力促进产业结构转型升级，国内中西部地区与东南亚等境外地区在承接产业转移上各有优势，伯仲难分。国内产业"内迁"和"外转"始终同步发生，上下游不同制造环节的拆分也是常态。将主要生产基地在中国境内外同时布局，成为绝大多数跨国企业的首要选择。

此外，随着工业机器人等新一轮产业技术革命兴起，制造业转移规律正在发生变化，传统制造业向境外低劳动力成本地区转移趋势，极有可能因技术变革而被阻断。越来越多的无人化工厂，可能成为中国制造领先全球的新优势和新特征。

——　装备竞争与赶超　——

装备制造业是一国制造业的"脊梁"，涵盖航空航天、船舶、轨道交通、工程机械等诸多领域，承担着为国民经济各部门提供生产装备的重任，也是国际竞争最激烈的领域。在这个领域，中国企业成长赶超的故事精彩纷呈，既有艰苦奋斗后获得的鲜花掌声和实力提升，也有"被收购""被围堵""卡脖子"的艰辛和教训。其中，工程机械制造业的发展故事最为传奇。

本土工程机械企业的成长

中国工程机械企业成长的过程，堪称"引进来"和"走出去"双向协同发展的典范。早在1979年，国内多家企业就联合引进日本小松履带式推土机制造技术，这是我国工程机械行业第一例技术引进项目。此后，国内各地陆续组建综合性工程机械集团，到1998年，全国共有17个大的工程机械集团，规模以上企业1000多家。同期，卡特、小松、沃尔沃、日立、斗山等国际知名的工程机械制造商纷纷进入中国，中国工程机械市场很早就完全对外开放，为跨国企业和本土企业提供同台充分竞争的机会。

进入21世纪后，中国本土工程机械企业与跨国巨头的竞争更加激烈。跨国巨头们频繁在国内发起并购，试图通过资本优势鲸吞国内行业领头羊，消灭潜在竞争对手。2006年，美国凯雷集团拟出资20多亿元，收购当时国内第一大工程机械制造商徐工机械85%的股权。该消息被爆出后，引发了全国范围内的大讨论，核心焦点是：中国核心产业的龙头企业能否被外资全面控制。最终，"凯雷收购徐工案"被监管部门叫停。但在这个时期，有相当一部分本土工程机械企业，被卡特彼勒等跨国巨头们吞并。激烈的国内竞争环境，倒逼本土工程机械企业迅速成长。为了确保在竞争中立于不败之地，许多中国企业开始"反客为主"，主动走出国门，寻求海外并购标的。

2008 年，中联重科以 5.11 亿欧元收购世界排名第二的意大利混凝土机械生产企业 CIFA 公司 100% 的股权，一举成为中国第一大混凝土机械制造商。后来，中联重科通过整合 CIFA 原有销售和服务网络，实现从国内同行业龙头企业向国际化企业的跨越，业务遍及全球。中联重科的这次并购拉开了国内工程机械企业海外并购的序幕。此后，三一集团、广西柳工、山东潍柴等企业也争相出海，陆续发起一系列对发达国家老牌机械制造商的收购，加速整合国际国内技术研发和分销服务资源，进入全球化发展的新时代。

2012 年，三一重工联合中信产业基金以 3.6 亿欧元收购了德国"大象"——混凝土泵生产商普茨迈斯特的全部股权，获得"德国制造"的先进技术和海外分销服务网络，成为中国工程机械企业国际化发展史上的另一个标志性事件。同年，徐工机械也并购了德国领先的混凝土机械装备制造商施维英。自此，全球混凝土机械装备行业格局被彻底改写。

经过 40 多年的成长，中国工程机械企业的全球竞争力大幅提升，基本实现逆袭式赶超。2021 年 5 月，在英国知名杂志《国际建设》发布的"2021 年全球工程机械制造商 50 强排行榜"（简称"2021 全球工程机械 50 强"）上，中国共有 10 家企业上榜，数量仅次于日本的 11 家。其中，除了美国的卡特彼勒和日本的小松制作所连续多年稳居榜单前两位，中国的徐工集团、三一重工和中联重科同时进入榜单前五，三家的市场份额占比合计达到 20%（见表 4-1）。

表 4-1　2021 年全球工程机械行业 50 强

2021 年排名	公司名称	国别	销售额（亿美元）	市场份额
1	卡特彼勒	美国	248.24	13.0%
2	小松	日本	199.95	10.4%
3	徐工集团	中国	151.59	7.9%
4	三一重工	中国	144.18	7.5%
5	中联重科	中国	94.49	4.9%
6	迪尔	美国	89.47	4.7%
7	沃尔沃建筑设备	瑞典	88.46	4.6%
8	日立建机	日本	85.49	4.5%
9	利勃海尔	德国	78.08	4.1%
10	斗山工程机械	韩国	71.09	3.7%
11	山特维克	瑞典	58.23	3.0%
12	美卓奥图泰	芬兰	44.43	2.3%
13	杰西博	英国	40.00	2.1%
14	安百拓	瑞典	39.23	2.0%
15	柳工	中国	33.38	1.7%
16	神钢建机	日本	31.52	1.6%
17	特雷克斯	美国	30.76	1.6%
18	久保田	日本	27.67	1.4%

（续）

2021 年排名	公司名称	国别	销售额（亿美元）	市场份额
19	住友重机械	日本	25.18	1.3%
20	豪士科 - 捷尔杰	美国	25.15	1.3%
21	现代建筑设备	韩国	23.45	1.2%
22	凯斯纽荷兰工业	意大利	21.70	1.1%
23	龙工	中国	18.69	1.0%
24	威克诺森	德国	18.41	1.0%
25	曼尼通	法国	18.07	0.9%
26	帕尔菲格	奥地利	17.48	0.9%
27	多田野	日本	17.04	0.9%
28	法亚集团	法国	15.96	0.8%
29	马尼托瓦克	美国	14.90	0.8%
30	希尔博	芬兰	13.11	0.7%
31	山河智能	中国	11.95	0.6%
32	山推	中国	11.47	0.6%
33	雅达工业	美国	10.24	0.5%
34	竹内	日本	9.88	0.5%
35	安迈	瑞士	9.66	0.5%
36	斯凯杰科	加拿大	7.51	0.4%
37	加藤	日本	7.12	0.4%
38	福田雷沃	中国	6.82	0.4%
39	古河	日本	6.79	0.4%

（续）

2021 年排名	公司名称	国别	销售额（亿美元）	市场份额
40	宝峨	德国	6.49	0.3%
41	爱知	日本	5.38	0.3%
42	欧历胜	法国	5.02	0.3%
43	森尼伯根	德国	5.00	0.3%
44	贝尔设备	南非	4.71	0.2%
45	洋马	日本	4.69	0.2%
46	鼎力	中国	4.29	0.2%
47	贝姆勒	印度	4.01	0.2%
48	默罗	意大利	3.75	0.2%
49	海德宝莱	土耳其	2.91	0.2%
50	厦工	中国	2.78	0.1%

资料来源：《国际建设》2021 年 5 月发布的"2021 年全球工程机械制造商 50 强排行榜"

中国的"卡特彼勒"

在这个"2021 全球工程机械 50 强"榜单中，有一家来自中国西部地区的地方企业，多年来一直位于榜单前列，被称为中国的"卡特彼勒"。这就是来自中国广西柳工集团有限公司（以下简称"柳工集团"）。在工程机械领域，柳工集团的国际化起步较早，具有很强的代表性。

20 世纪 80 年代，柳工集团与外部世界的第一次亲密接触，就是在机械工业部[1]的支持下，开展与美国工程机械巨头卡特彼勒的技术合作项目。成立于 1890 年的美国卡特彼勒公司是世界上当时最大的工程机械和矿山设备生产商，也是全球工程机械发展百余年来始终引领行业发展的强者。与世界级企业的近距离接触，为柳工集团埋下了做中国的"卡特彼勒"梦想的种子。

2003 年，柳工集团总裁曾光安带队赴外国参观，正式迈出了柳工集团国际化发展的第一步。与当时大多数刚走出国门的中国企业一样，柳工集团在国际化发展的前几年，主要是在海外成立销售子公司。2008 年的金融危机，给走出国门不久的柳工集团带来前所未有的压力，也同时为柳工集团带来了全球化真正破局的关键机遇。

在金融危机最艰难的时刻，柳工集团秉持"合作创造价值"的理念，着眼于市场长远发展和合作伙伴利益，选择了与全球代理商站在了一起。面对海外市场的一片冰封，柳工集团逆势充实国际业务管理团队，持续改进服务，积极捕捉市场机会。2008 年下半年，柳工集团打败了其他工程机械制造商，获得乌兹别克斯坦价值 1200 万美元的订单。这是柳工集团走出国门以来获得的最大一笔海外挖掘机订单，为柳工团队在世界各地拓展业务注入了强大的信心。

1.　1987 年 2 月，根据第六届全国人民代表大会常务委员会第十八次会议通过的决议，撤销机械工业部。

对强者来说，金融危机不仅是一次深度洗礼，更是企业弯道超车的良机。全球领跑者卡特彼勒，每次历经危机后都会变得更加强大，进一步拉开与身后追赶者的距离，靠的就是对行业周期波动的深刻洞察和深谋远虑的应对之策。柳工集团以"卡特彼勒"为师，在金融危机中不断夯实自身国际化能力，推动"全球化"和"本土化"融合发展。

2009 年，柳工集团海外第一家制造工厂——印度工厂建成投产。2010 年，柳工集团海外业务如火如荼，大增 48%，创历史新高，此后，柳工集团借助在国内和国际的新部门，不断加快深度国际化的步伐。2012 年，柳工集团成功并购东南欧最大的工程机械制造商——波兰 HSW 工程机械事业部。2013 年，柳工集团在我国香港地区设立公司，柳工集团香港公司成为柳工集团海外业务最重要的资本运营和融资平台。2015 年，柳工集团全球研发中心正式落成。2016 年，柳工集团在巴西建厂。经过 15 年的努力，柳工集团在波兰、印度和巴西三大制造基地布局基本成形。

经过多年的探索，柳工集团构建了符合工程机械产业规律和企业自身特点的全业务链海外业务模式，即"海外销售网络＋区域售后服务中心＋区域海外制造基地＋欧美高端市场研发中心＋海外金融业务"[1]。到 2021 年，柳工集团在"世界工程机械 50 强"中排第 15 位。

唯有志存高远，才能产生基于长期发展战略考量的眼光和理念，

---

1. 黄兆华.柳工出海：中国制造的全球化探索［M］.北京：人民邮电出版社，2017.

获得应对甚至把握危机的能力。如果要总结柳工集团全球化发展的经验，我认为最核心的一条应该是：对标世界一流企业"卡特彼勒"，为柳工集团插上了全球化的翅膀。时至今日，柳工集团的经验正在被越来越多的中国企业看到并效仿。

2018 年至 2021 年 8 月，国务院国资委遴选了 11 家基础条件较好、主营业务突出、竞争优势明显的中央企业，组织开展创建世界一流示范企业工作。2020 年 6 月，国资委在中央企业和地方国有重点企业启动对标世界一流管理提升行动，引导国有企业从先进的管理中要质量、要效益、要增长，努力达到世界一流水平。

对多数有志于走向全球的中国企业来说，通过在世界范围内寻找适合自己的"卡特彼勒"，并通过综合比较和对标改进，在技术、管理和核心竞争力等方面持续推动内部资源优化，无疑是推动企业长期可持续发展的重要战略思路。可以想象，更多来自中国的"卡特彼勒"，已经走在对标成长的路上。

― 境外产业合作园 ―

特殊经济区（Special Economic Zone），是国内外产业经济发展的特殊形态之一，在世界经济发展史上已经存在了 400 多年。对广大发展中国家而言，结合本土资源禀赋特征，引入国际性企业，发展以产业合作园为代表的各种特殊经济区，是其谋求经济发展的重要可行性思路。联合国贸易和发展会议统计显示，截至 2018 年，全球共有 140

多个经济体建设了超过 5000 个特殊经济区，3/4 的发展中国家和转型经济体内都设有特殊经济区。

特殊经济区的发展模式多种多样，能够有效适应不同国家国情和发展阶段的实际情况，在世界各地都有成功的案例。但是放眼全球，中国积累的依靠特殊经济区加速发展的经验几乎独步全球。从某种程度上说，正是经开区、高新区、海关特殊监管区等各种各样的产业集聚发展区，成就了中国经济高速增长的奇迹。

当中国企业走向海外时，境外产业合作园往往会成为多数中国制造企业的首选投资地。这是一种对国内产业集聚发展经验在国外的简单复制。这种合作逻辑，最早可以追溯到 1994 年由中国与新加坡两国政府共同规划设立的中新苏州工业园。

中新苏州工业园的经验

1993 年，在中国和新加坡两国高层的积极推动下，一年内先后有几百个中国考察团到新加坡观摩学习，中新两国开始谋划在苏州合作建设工业园。在此后将近 30 年中，通过借鉴新加坡裕廊工业园的发展经验，结合中国本土特色，苏州工业园逐步建立了中新两国"共商规划、共建设施、共引产业、共创品牌、共享成果"的产业园区国际共建发展新模式。到 2021 年，苏州工业园发展取得突出成就，规模以上工业总产值突破 6000 亿元，在全国经开区排名中连续六年稳居首位。[1]

　　苏州工业园的成功，不仅为后来遍布中国大地的产业园区发展提供了重要经验，也为中国企业境外产业园区合作提供了重要的"镜像"借鉴。通过与新加坡的合作，苏州工业园在改革开放的早期就获得了全面、系统移植国际领先产业发展经验的机会。苏州工业园成为中国本土制造业发展的"摇篮"之一，并辐射带动了整个苏南地区制造业产业体系的形成，成为国内地区经济发展最成功的典范之一。

　　多年后，当中国本土制造企业实力不断增强、进入走出国门投资建厂的新阶段时，探索推动境外产业合作园发展模式，在境外国家开展集聚化的产业投资，自然成为中国企业抱团走出去、降低风险的重要选择。除了 1995 年最早设立的越南铃中加工出口区等个别园区，绝大多数的中国制造业境外产业园区都是在进入 21 世纪后才设立的。正如苏州工业园是当时中国学习新加坡工业发展经验、深化双边互信合作的重要平台，中国企业在境外的产业园区也将成为东道国观察中国工业发展经验、增进双方深度合作的主要载体。从这个角度看，政府的适当引导和规范显然很有必要。

---

1. 苏州工业园区融媒体中心. 园区规上工业总产值突破 6000 亿元 高质量发展再交靓丽答卷 [EB/OL]. (2022-01-28) [2022-08-26].

中国企业境外产业园

中国企业境外园区的发展最早始于 20 世纪 90 年代，总体上经历了从无到有、从少到多，从企业自主探索到政府介入指导的发展历程。目前可追溯的早期中国境外产业园区，有越南铃中加工出口区（1995 年）、老挝云橡产业园（2003 年）、中俄（滨海边疆区）现代农业产业合作区（2004 年）等。

2006 年，商务部出台了第一部规范境外园区发展的政策文件《境外中国经济贸易合作区的基本要求和申办程序》，此后又出台了多项配套措施，鼓励境外园区发展。同年，商务部开始批准"国家级境外经贸合作区"，将境外产业园区作为政府官方认可的重要对外经济合作形式。此后，商务部陆续批准了 20 家"国家级境外经贸合作区"（见表4-2），极大地促进了中国境外产业园区发展质量和水平的稳步提升。

表 4-2　商务部批准的"国家级境外经贸合作区"名录

序号	合作区名称	来源省市	开发商类型
1	柬埔寨西哈努克港经济特区	江苏	民企
2	泰国泰中罗勇工业园	浙江	民企
3	越南龙江工业园	浙江	民企
4	巴基斯坦海尔－鲁巴经济区	山东	地方国企
5	赞比亚中国经济贸易合作区	北京	央企
6	埃及苏伊士经贸合作区	天津	地方国企
7	尼日利亚莱基自由贸易区（中尼经贸合作区）	北京	央企

（续）

序号	合作区名称	来源省市	开发商类型
8	俄罗斯乌苏里斯克经贸合作区	黑龙江	民企
9	俄罗斯中俄托木斯克木材工贸合作区	北京	央企
10	埃塞俄比亚东方工业园	江苏	民企
11	中俄（滨海边疆区）农业产业合作区	黑龙江	民企
12	俄罗斯龙跃林业经贸合作区	黑龙江	民企
13	匈牙利中欧商贸物流园	山东	民企
14	吉尔吉斯斯坦亚洲之星农业产业合作区	河南	民企
15	老挝万象赛色塔综合开发区	云南	地方国企
16	乌兹别克斯坦"鹏盛"工业园	浙江	民企
17	中匈宝思德经贸合作区	山东	民企
18	中国·印尼经贸合作区	广西	地方国企
19	中国印尼综合产业园区青山园区	上海	民企
20	中国·印度尼西亚聚龙农业产业合作区	天津	民企

资料来源：商务部官方网站

2013 年后，中国企业境外园区进入高速发展阶段。2019 年年初，我牵头组织一个课题研究时，对当时的中国境外产业园区发展情况进行了摸底调查。通过梳理网络公开资料，我们发现，当时中国在近 60 个国家和地区建有和在建的境外产业园区超过 160 家（见图 4-1），主要分布在亚洲、非洲和欧洲，其中各类加工制造业园区占到一半以上。

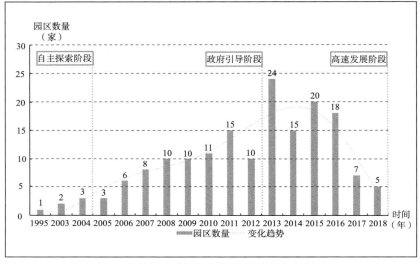

图 4-1　中国企业境外产业园区发展的总体情况

资料来源：笔者牵头相关研究的调查数据，为不完全统计

从全球看，中国企业境外园区扎堆在东南亚地区。该区域与中国地缘相近，人文相通，人力资源丰富，历来是中国制造企业境外投资设厂的优先区域。其中，泰国的罗勇工业园、越南的龙江工业园、柬埔寨的西哈努克港经济特区、老挝万象赛色塔综合开发区、印度尼西亚的青山工业园等，都在实现园区商业可持续运营、增强企业国际化竞争力的同时，有效带动了当期经济社会发展，成为中国制造业在境外集聚发展的标杆。

在实践中，推动境外产业园区发展必须深刻理解其特殊性。

理想很丰满，现实很骨感

在中国境外产业园区发展的早期，多数园区运营企业都抱着非常理想化的设想：通过直接复制国内园区运营模式和管理经验，在东道国再造一个快速增长的奇迹。然而，理想很丰满，现实很骨感。经过十多年的实践，越来越多的企业已经意识到：一个产业园区的成功，从来都不仅仅是管理和运营的事情，政治、社会、文化等各类因素对园区发展都会产生重要的影响。

比如，建设产业园面临的第一个问题通常是选址，建设产业园需要解决土地问题，而且需要能够长期使用的大面积工业土地。企业在国内开发园区时，各级地方政府发展意识极强，对工业地产开发模式驾轻就熟。前端服务无微不至，甚至许多一二级土地开发都由地方政府先期完成，管委会运营模式深入人心，企业与政府、社区的谈判难度较低。但是到了国外，不同国家对土地购买、租赁及使用的法律规范要求各不相同，多数发展中国家对产业园区模式没有概念，政府对企业的服务意识较低，企业往往需要说服甚至教育当地政府和社区。这项工作，首先就对企业的跨国跨文化沟通能力提出了极大的挑战。

因为操作难度太大，实际上，中国企业在海外建立产业园区的上千次尝试中，失败的次数远远超过成功的次数。然而，故事都是由成功者来书写的，所以，当我们通过各种公开渠道去看中国境外产业园区的故事时，多数情况下看到的都是光鲜和亮丽的成绩。最终能够成功扎根当地的中国企业境外产业园，都是经过千锤百炼的，其中也都有天时、地利、人和的综合作用。

埃塞俄比亚东方工业园就是这些成功园区中最早的探索者，也是知名度最高的一个。2007年，来自中国江苏张家港的一家普通民营企业永元投资，成功中标商务部境外经贸合作区——埃塞俄比亚东方工业园项目。2008年，园区开工建设，2015年通过确认考核，立即吸引80多家企业入驻，涵盖水泥生产、制鞋、汽车组装、钢材轧制、纺织服装、日用化工、食品及制药等行业，为当地创造并提供了两万多个就业岗位，培养了大批管理者和技术人员，也为当地政府创造了大量税收。然而，商业上的成功只是东方工业园故事的一小部分。

更重要的是，东方工业园的成功对埃塞俄比亚的工业发展起到了重要的示范带动作用。更多的中国企业涌入埃塞俄比亚设立园区，其中较为知名的园区还有湖南工业园等。2014年，埃塞俄比亚政府也开始重点推进国家级工业园建设，计划在2015—2019年建设14个工业园区，通过系统借鉴中国园区发展经验，复制中国工业化道路，实现国内经济腾飞。十余年间，先后有30多批次的来自各国的国家领导人，以及不计其数的考察团、访问团专程赴东方工业园考察。东方工业园成为中国企业在非洲投资的最大亮点之一。

2019年，我们与东方工业园有关负责人交流时，他直言项目中标之时只是公司拓展海外业务的一个探索，完全没有想到后来会产生这么大的影响力。其实，东方工业园作为最早的探索者，在众多境外产业园中属于天时地利人和兼备、发展特别顺利的极少数。后来到埃塞俄比亚投资园区的企业很多，但都遇到竞争激烈、成本上升、招商困难等问题，发展就远没有这么顺利了。

　　根据 2021 年第二届中国 - 非洲经贸博览会披露的信息，经中国商务部备案在非洲的经贸合作区已经有 25 个。广袤的非洲大陆正在吸引越来越多的中国企业到此投资建厂。在非洲工业化道路上，中国企业和中国境外产业园区正发挥着非常积极的推动作用。

　　在当前阶段，中国境外园区已是实实在在、普遍存在的，也是国际国内各方接受度最高的产业合作平台。**区别于单纯的境外产业项目，中国境外园区既是中国企业走出国门与其他跨国企业同台竞争的重要平台，作为中国企业、海外人员集聚区，其又是东道国居民眼中的中国形象大使，在外交、社会、环境等领域均有着潜移默化的影响。随着中国企业对外投资进入高质量发展新阶段，如何更好地发挥中资企业境外产业园区的积极作用，推动实现更多高标准、可持续、惠民生的务实合作，是值得各方再深入探讨的问题。**

─　走向深度全球化　─

　　2021 年 9 月，中国企业联合会、中国企业协会发布了"2021 中国跨国公司 100 大及跨国指数"榜单，其中跨国指数前 10 名如表 4-3 所示，并基于拥有的海外资产、海外营业收入、海外员工数量等计算上榜公司的跨国指数。其中，来自浙江的一家民营企业——均胜电子的跨国指数高居首位，远高于 100 大的平均跨国指数 15%。榜单上跨国指数超过 50% 的企业仅有 5 家，分别是均胜电子、洛阳钼业、韦尔半导体、联想控股和紫金矿业。其中，均胜电子、韦尔半导体和联想控股，均属电子信息制造业，是新兴制造业的范畴。

表 4-3　2021 年中国跨国公司 100 大及跨国指数榜单跨国指数前 10 名

排名	公司名称	海外资产（亿元）	海外收入（亿元）	海外员工（万人）	跨国指数（%）
1	宁波均胜电子股份有限公司	367.60	360.76	4.82	76.76
2	洛阳栾川钼业集团股份有限公司	994.27	98.26	0.59	73.96
3	上海韦尔半导体股份有限公司	176.47	151.65	0.10	62.02
4	联想控股股份有限公司	3223.63	3060.72	4.16	57.44
5	紫金矿业集团股份有限公司	825.04	342.90	1.76	51.06
6	万向集团公司	355.61	715.34	1.29	49.58
7	青山控股集团有限公司	477.14	571.55	5.41	48.96
8	浙江华友钴业股份有限公司	127.38	121.72	0.34	48.95
9	山东如意时尚投资控股有限公司	400.24	301.88	1.05	45.09
10	宁波申洲针织有限公司	117.77	124.61	4.28	44.70

资料来源：中国企业家联合会、中国企业家协会 . 2021 中国 100 大跨国公司分析报告［R/OL］. （2021-09-14）［2022-9-26］.

以电子信息制造为代表的新兴制造业自诞生就具有国际化发展的基因。一方面，计算机、手机、新能源汽车等新兴制造业本来就是跨国产业链深度协作的领域，主要跨国巨头都通过研发、设计、制造、组装的全球布局，实现规模效益的最优化；另一方面，在"摩尔定律"的作用下，电子信息制造业技术快速迭代，对企业创新能力提出了极高要求，大力推动国际化发展才能更好地紧跟产业技术竞争前沿，整合利用全球人才资源，确保企业的技术领先地位。在实践中，跨国并购和设立海外研发中心是新兴制造企业开展全球资源整合的最重要方式。这两种方式各有千秋，代表性企业一个是均胜电子，一个是华为。

海外先进技术并购

以均胜电子为例，这个 2004 年创立于浙江宁波的汽车零部件企业，仅用了 16 年时间，就从一家名不见经传、年营业收入仅 2000 万元的小企业，成长为实际营收超过 600 亿元、业务遍及全球 17 个国家和地区的全球第二大汽车安全系统供应商。

纵观均胜电子发展史，通过海外并购实现对相关领域国际前沿技术的快速引进和吸收借鉴，是企业实现技术赶超和跨越式发展的不二法宝。2012 年，均胜电子完成对德国普瑞 100% 股权收购，突破其在汽车电子领域的技术壁垒，实现产品升级；此后，2014 年，其收购德国机器人公司 IMA，收购德国内饰和方向盘总成公司 QUIN，2016 年收购美国汽车安全技术供应商 KSS 和德国智能车联公司 TS 德累斯顿，持续的精准并购助力企业飞速成长。2018 年，均胜电子通过 KSS 以不高于 15.88 亿美元的价格，完成对日本高田的收购，一跃成为全球第二大汽车安全系统供应商。十多年间，均胜电子的营收水平实现了几十倍的增长。

均胜电子接连实现海外成功并购的背后有何秘诀呢？要知道，发达国家的许多企业都经过数十年甚至上百年的技术研发迭代，要让这些老牌企业心甘情愿地被融入资历较浅的中国企业，需要天时、地利、人和的共同作用。

早在 2004 年，彼时均胜电子刚创立，均胜电子的管理层就以非常前瞻性的眼光，摒弃当时国内最流行的单纯复制国外产品的做法，确立了与汽车主机厂同步设计开发的战略方向，并不惜重金组建了一支忠诚度高、能力卓越的设计团队，为客户量身打造解决方案。在年销售额仅 2000 万元时，均胜电子就已经开始吸引年薪上百万元的人才参与管理。

为了突破技术天花板、走出国内汽车配件企业激烈的价格战循环，均胜电子很早就开始物色国外技术合作对象，并有意识地开展对国外潜在目标公司的并购筹划。在 2008 年金融危机下，德国普瑞积极寻求全球买主，均胜电子把握时机，稳步推动相关准备工作，经过 4 年的沟通和努力，最终于 2012 年成功完成这个海外并购第一单，实现良好的开局。

必须指出的是，由于海外并购过程及海外运营的复杂性，实际上，"并购后能否成功吸收"的能力问题一直存在。自从 2004 年联想收购 IBM 个人计算机业务，开启中国企业海外并购风潮，至今十余年，国内企业发起了不少海外并购项目。但是，许多并购完成后效果很有争议，尤其后期跨国运营整合问题十分突出。

中国企业国际化海外风险管理论坛发布的《2016 年企业海外财务风险管理报告》指出，中企海外并购有效率仅有 1/3。若叠加跨境跨文化整合因素，只有不到 20% 的海外并购能够真正成功。

在对普瑞的并购后管理上，均胜电子借鉴了 2005 年北京第一机床厂全资收购德国科堡公司的成功经验——提出"科堡还是科堡"，将企业的自主经营权交给德国管理层。通过本地化运营和充分授权，均胜电子成功地团结了普瑞德国管理层和原有客户，并持续加大对自身研发的投入，积极协助普瑞在亚太和北美开拓市场，稳步推动双方文化和管理融合，最终实现了"1+1>2"的双赢结果。以并购德国普瑞为样板建立的跨文化运营和管理理念，成为后来均胜电子走向深度全球化的重要法宝。

通过海外并购优化全球布局，是中国制造企业快速吸取国际经验、提升技术能力的重要渠道，也是中国制造实现产业转型升级、在全球竞争中脱颖而出的重要思路。从时间线看，中国制造企业的海外并购主要发生在进入 21 世纪以后，其中 2001 年和 2008 年是两个关键性的时间节点。

2001 年，中国加入 WTO，"走出去"几乎同时上升为国家战略。在市场竞争和政策驱动的双重激励下，中国对外投资出现爆发式增长，部分制造企业开始发起具有一定影响力的跨境并购。2001 年，海尔投资 2 亿港元收购意大利迈尼盖蒂一家冰箱厂，万象以 280 万美元收购美国一家老牌汽车零部件制造商 UAI 公司；2002 年，TCL 在短时间内先后在欧洲进行了三笔海外并购；2005 年，北京第一机床厂收购德国科堡公司等，都在国内引发较大关注。以这些企业为先锋，越来越多的中国制造企业开始走出国门，在世界范围内寻找掌握核心技术并愿意与自己一起合作的企业。

2008 年全球金融危机发生后，海外资本市场暴跌，资产价格大幅下降，一些国外企业贱卖公司资产或控制权，许多国家主动降低外资进入门槛，中国企业由此获得一个以较低价格购买海外高技术企业的窗口期。当时，在全球跨境投资疲软的环境下，中国企业对外投资大幅度增长，尤其 2008 年对外投资规模达到 559 亿美元，较上一年直接翻番。其中，制造业对外并购势头尤其迅猛。2009 年和 2010 年吉利汽车先后收购全球第二大自动变速器生产商 DSI 和瑞典整车制造商沃尔沃的核心资产，极大地提高了吉利研发团队水平。这个时期，中企海外并购的经典案例还有北汽集团收购瑞典萨博汽车（2009 年）等。

在后金融危机时代，海外技术并购继续成为中国制造企业走向深度全球化的重要选择。2014 年，联想以 29 亿美元收购摩托罗拉移动智能手机业务。2016 年，北京清芯华创投资管理公司等以 19 亿美元完成对美国豪威科技的收购。2017 年，科瑞集团以 14 亿美元收购德国血浆制品制造商 Biotest。

近年来，随着"逆全球化"兴起和大国博弈程度加剧，中国制造企业并购海外高技术企业的外部壁垒大幅提高。建设海外研发中心，正日益成为中国制造企业境外投资的新重点。

建设海外研发中心

从根本上说，人才是决定企业能否实现深度全球化的核心因素。

尤其在新兴的高科技制造领域，企业参与全球竞争的核心是人力资本。设立海外研发中心，充分吸收和利用分散在世界各地的高质量科研人才，既可以提升企业国际化视野，又能增强企业技术研发实力，是高科技企业整合利用全球资源的不二选择。在这一点上，华为既是先锋又是标杆。

早在 1999 年，华为就已经在俄罗斯设立数学研究所，吸引顶尖的俄罗斯数学家参与华为的基础性研发，是国内企业在海外成立研发中心的先驱。后来，华为还在海外设立研发中心，招揽全球人才为己所用，这成为华为深度全球化的根基。任正非曾说："要在有风的地方筑巢，而不是筑巢引凤。"简言之，与许多企业希望把人才招揽回国不同，华为是在全球找人才，找到人才后围绕他建立一个团队。

在这个思路的指引下，华为的研发中心分布在世界各地。许多研发中心最初都是为某位顶级专家专门成立的，后来都成了华为某个关键性技术突破的策源地。例如，华为专门为著名微波研究专家、意大利人隆巴迪在米兰设立了微波研究中心。该中心后来吸引了大量顶尖人才加盟，帮助华为占据了全球最大的微波市场份额，成为华为微波的全球能力中心。

2015 年，华为投资 1.7 亿美元，在印度班加罗尔建立全球最大的研发中心。截至 2019 年，华为已经在海外建有 16 个全球研发中心和几十个联合创新中心，外籍专家占比达到 90%。在全球人才的支持下，华为每年的专利申请数量位居全球第一。

在俄罗斯做数学算法研究，在法国做美学研究，在日本研究材料应用，在德国研究工程制造，在美国研究软件架构，因地制宜成立的海外研发机构，共同塑造了华为的核心竞争力。

在当前阶段，设立海外研发中心，已经成为中国新兴制造企业整合全球高端人才资源的首选方式。例如，国内医疗器械龙头企业迈瑞医疗，为实现从技术跟随向技术领先的转变，在美国的西雅图、新泽西和瑞典的斯德哥尔摩等设立了研发中心，并建成国际一流水准的同步研发管理平台，实现全球十大研发中心的融合布局。再如，长城汽车在美国、德国、日本、印度、韩国、泰国设立了六大海外研发中心，通过整合本土化研发、生产和销售资源，成功推出了"哈弗H6"等备受海外消费者欢迎的产品。

构建全球研发体系几乎是所有成功跨国企业的核心标准配置。全球最大汽车制造商美国通用汽车，在美国、中国、印度、巴西等均设有研发中心。截至2021年，德国西门子公司仅在中国就拥有20个研发中心，4800多名研发和工程人员，以及近11000项有效专利及专利申请[1]。

究其根本，对任何一家跨国企业来说，建设海外研发中心至少具有两方面的核心优势：从技术层面看，这有利于吸收和利用当地独特的创新资源，实现全球范围内创新资源的优化配置，将跨国知识转移过程内部化，既提高效率又节约成本；从市场层面看，这可以帮助企业推广其在母国开发的先进技术，针对当地消费者进行产品本土化改

---

1. 西门子官网. 西门子研发在中国 [EB/OL]. [2022-08-26].

造，更好地适应当地消费者的需求。此外，部分国家提供的税收优惠，也正在成为重要的吸引因素。

概括起来，制造业的对外投资对提升企业全球竞争力至关重要，至少可以发挥三大作用。一是通过在生产成本或者综合成本更低的国家投资设厂，在短时间内实现大幅降低产品成本的目标。二是规避目标市场国家存在的贸易壁垒，或者通过并购当地具有较好发展基础或较大影响力的当地企业，快速建立本地化销售网络，快速拓展海外市场。三是通过并购东道国高技术企业，或者在东道国建立研发中心、雇用高技术人才等，实现对先进技术的快速引进，或者通过技术共享等方式，快速提升企业整体技术能力。

从企业实践看，不同制造业门类对外投资的方式和路径各有侧重。在轻工、纺织等劳动密集型制造产业，许多企业通过在海外投资设厂，进行全球生产布局，实现要素资源的全球优化配置。在工程机械、电子信息、医药等装备制造或新兴制造领域，大量中国企业通过海外并购或设立海外研发中心，获得先进技术、品牌和管理经验，带动整个产业的转型升级。实践证明，制造业对外投资的蓬勃发展，对国内产业竞争力提升和格局优化都产生了积极影响。

第二个 30 年中装备制造业逆袭的故事，对新时代先进制造的发展，也具有一定的启示意义。面对激烈的市场竞争，企业必须"两条腿"走路：一方面，通过与世界一流制造商开展技术合作，特别是择机在海外并购细分领域技术领先的制造商，实现加速追赶；另一方面，提升自主创新能力是企业核心竞争力的来源，企业尤其要确保当海外企业合作的空间受到极大压缩时，自主研发能够成为企业的发展支撑。

在当前阶段，中国制造企业在全球投资面临的形势正在发生重大变化。2008 年国际金融危机发生后，全球产业竞争格局正在发生重大调整，发达国家纷纷实施"再工业化"战略，许多发展中国家也在加快谋划参与全球产业再分工，我国制造业发展面临发达国家和其他发展中国家"双向挤压"的严峻挑战。2020 年，新冠肺炎疫情对跨国制造企业的全球布局冲击巨大，许多企业的生产布局考量从过去的"以效率为先"，逐渐变成"效率和安全兼顾"，供应链分散化和区域化趋势加深。

当前及未来相当长一段时间，大国博弈将对全球产业合作与竞争产生深刻影响，制造业跨国产业链供应链正日益成为各方关注的焦点。可以预期，未来中国制造业对外投资，将既遵循产业自身发展规律，又受到全球地缘政治格局的深刻影响。尽管国内低成本要素等禀赋优势不再，但中国稳定的投资环境、超大规模国内市场、完善的产业链配套体系和高效便利的基础设施等综合优势，仍是中国制造企业全球征途的最强后盾。

小 结

放眼全球制造业发展史，制造业对外投资本质上是一种产业扩张和转移现象，是跨国企业根据不同国家和地区资源禀赋和比较优势的变化，实行全球要素优化配置的结果。中国制造业的对外投资，是中国工业化发展进入中后期、国内经济结构调整、资源要素成本上升的必然结果，也是建设制造强国的客观要求。中国制造企业走出国门投资相对较晚，绝大多数企业都在进入 21 世纪后才开始通过绿地设厂、跨国并购、设立研发机构等进行海外投资。

中国本土制造业体系完善，门类齐全，但不同细分领域的对外投资的发展水平不同，受到国际国内形势变化影响也各不相同。改革开放以来，国内制造业园区化集聚发展的成功经验，使得境外产业合作园成为中国制造企业走向海外时的优先选择。在第三个 30 年里，越来越多的中国本土制造企业正在走向深度全球化，成长为世界级的跨国企业。这才是中国参与国际经济合作与竞争、成就"制造强国"的核心竞争力所在。

思　考

1．中国制造业发展的三个 30 年如何划分，对应重点任务是什么？

2．中国轻工制造的全球竞争力如何？其全球扩展的规律是什么？本次中国的纺织业转移有何新特征？

3．中国工程机械制造业的崛起是如何实现的？

4．中国企业境外园区发展情况如何？该发展模式的核心逻辑和依据是什么？

5．企业走向深度全球化的方式有哪些？

5.

数字经济国际合作

字节跳动，一家开发运营短视频应用的数字企业，何以频频引发美国政府的关注？

　　TikTok（抖音海外版）自 2017 年 8 月创建，到 2019 年风靡全球，再到 2020 年 1 月跃居全球 App 下载总榜第一名，只用了不到两年半的时间。截至 2020 年 8 月，TikTok 短视频应用程序在 App Store 和 Google Play 的下载量已经超过 20 亿次，在全球拥有 8 亿用户，覆盖 150 多个国家和地区。TikTok 的全球火爆，对美国数字巨头构成空前挑战，成为中国数字经济国际合作[1]的一个现象级代表。

---

1. 联合国发布的《2019 年全球数字经济报告》中，将数字经济分成以 ICT 为核心的数字基础设施、以平台为核心的新兴数字经济产业和数字化驱动的传统行业转型三部分。本书在谈论数字经济国际合作时，主要聚焦以平台为核心的新兴数字经济产业的国际化。

— 数字版"中国制造" —

中国数字经济的国际化发展，以 1994 年正式接入国际互联网为起点。此后直到 2020 年 TikTok 风靡全球，国际化发展始终是国内数字企业重要的战略组成部分。其中，2010 年和 2020 年是中国数字企业国际化发展历史上的两个关键节点。

数字经济出海大潮

2010 年之前，中国数字企业主要是内生性野蛮生长。借鉴国外模式，利用国外资金，是国内数字经济产业对接国际的最主要方式。诞生于 20 世纪末期的中国数字经济三巨头 BAT——百度（2000 年）、阿里巴巴（1999 年）和腾讯（1998 年），在创始之初都借鉴国外既有模式。同时，海外融资一直是国内互联网企业资金的最主要来源。例如，2000 年互联网泡沫危机破灭前，中华网、新浪网分别于 1999 年和 2000 年登陆美国纳斯达克股票市场。2004 年，腾讯在香港联交所上市，并在 2016 年 9 月 5 日一度成为亚洲市值最高的上市公司。

进入 21 世纪后的前十年，随着国内互联网市场格局初定，百度、阿里巴巴、腾讯等企业率先探索出海拓展新市场。这个阶段的国际化，主要是在周边国家进行的小规模探索性渗透，并且总体进展都不太顺利。例如，2006 年，百度率先试水日本市场，并于 2008 年正式进入日本，推广其核心搜索业务，但最终铩羽而归。在这个时期，也有少量数字企业开始跟随出海，不过主要是服务到海外去旅游或做生意的中国人，侧重于发布旅游信息服务，后来根据用户需求拓展到手机游戏等领域。

2010 年被认为是中国数字企业出海大潮开启的关键之年。从这一年开始，国内主要数字企业全面加大海外投资和海外市场拓展力度。阿里巴巴的全球速卖通于 2010 年正式推出，支持中国出口商直接与全球消费者接触和交易。腾讯也是在 2010 年前后开始大量投资并购海外游戏企业。例如，腾讯在 2008 年、2011 年和 2014 年，分三次收购全球热门竞技游戏《英雄联盟》的开发商——拳头游戏公司（Riot Games）的股份[1]，最终实现 100% 控股，一跃成为全球电子竞技领域的佼佼者。2012 年，腾讯以 3.3 亿美元收购全球著名游戏开发商艺铂游戏公司（Epic Games）48.4% 的股份，大大提高了对中小游戏开发者的服务水平。百度也在 2012 年调整了国际化战略，通过工具性产品拓展海外市场，同时加强并购投资。

也是从 2010 年开始，国内数字企业迎来了移动互联网快速发展的历史契机。中国手机终端企业大规模出海，带动了以快传、清理、桌面优化、导航和杀毒等工具类产品的规模化出海。这些工具类出海企业的一个突出特点是，大部分开发人员其实都在国内，因为软件开发的任务不用出国就可以完成。

随着出海的互联网企业不断增加，为了给离岸企业提供快速稳

1.　戴焱淼 . 电竞简史：从游戏到体育［M］. 上海：上海人民出版社，2019.

定的网络服务，越来越多的云服务提供商也纷纷加快拓展海外市场。
2013 年，国内第三方云计算提供商 UCloud 开始帮助电子商务、社交网络和工具类 App 企业出海。阿里云和腾讯云也从 2014 年开始部署海外服务节点和建设海外数据中心。

2015 年以后，国内数字企业走出去进入"龙头引领、百花齐放"的黄金时代。2016 年，主要数字平台企业聚焦各自优势领域，开始加速优化全球稀缺技术、市场渠道和优质资产布局。腾讯控股出资 86 亿美元，成功收购芬兰移动游戏开发商 Supercell 股权，一举成为全球最大的游戏发行商。这次收购也是近年全球手机游戏行业最大金额的并购。阿里巴巴投资 10 亿美元，获得了东南亚电商平台 Lazada 的控股权，开启进军海外市场。[1] 百度也在该年开始加快核心地图产品的国际化进程。

在这个时期，部分国家开始出台互联网安全相关政策法规，数据本地化趋势日益明显。许多出海企业都开始聘用当地员工，逐渐采用本地化运营模式，东南亚、南亚成为中国企业出海的重点区域。许多数字企业将国内成功的商业模式、相对成熟技术快速复制到海外市场，推动了相关国家数字经济的快速发展。

根据国内互联网出海服务平台白鲸出海的统计，到 2021 年 9 月，中国在游戏、开发者服务、工具应用和电商四个移动互联网细分领域

---

1. 张琦，陈景同 . 中国民营企业对外直接投资的实践及展望［M］. 北京：经济管理出版社，2020.

的出海企业都已经超过 900 家，其中游戏出海企业超过 4000 家，占比近 40%。

回顾这 20 多年的历史，可以发现中国数字企业国际化发展主要有四种实现路径：海外融资、并购投资、本地化运营和推出爆款产品。企业在不同时期对这四种路径的依赖程度各不相同，大体上以 5～10 年为一个周期，不断发生变化。从某种程度上看，2020 年 TikTok 成为全球爆款，实际上既是国内数字企业多年海外耕耘的必然结果，也是中国数字企业独特竞争力的体现。

"下一个 10 亿用户"

当前，中国数字企业国际化发展正在迎来总结经验、持续发力的"中场时刻"。 从行业整体发展看，国内数字经济发展已经进入深化应用、规范发展、普惠共享的新时代。规范数字经济发展、完善治理体系正在成为新的发展趋势，防止平台垄断和资本无序扩张受到越来越多的关注。**主要数字平台企业实际上已经进入国内发展空间相对有限，必须走出国门寻找"下一个 10 亿用户"，与国际领先平台企业展开角逐，通过进军广阔的海外市场获得发展新空间的阶段。**

以电商为例，经过多年的迅猛发展，淘宝、京东、拼多多、小红书、美团等国内数字平台企业间的竞争日趋激烈，各种应用场景持续迭代挖掘，国内市场已经进入竞争的"红海"。走出国门奔向异国"蓝海"，既是中国数字经济平台企业的理性选择，也是实现数字经济产业可持续发展的客观要求。

从国际看，全球"数字鸿沟"的存在，成为驱动中国数字企业走向海外的重要动力。根据华为云和白鲸出海联合发布的数据，截至2020年年底，全球还有32亿人没有接入网络。这32亿人，超过了全球人口的40%，其中31%分布在南亚，27%分布在非洲。以东南亚、非洲、南美为代表的新兴市场，像极了"几年前的中国"，以其庞大的人口基数、正在完善的数字基建和日益增长的市场需求，给中国数字企业以巨大的想象空间。

在此背景下，国内数字企业出海渐成燎原之势。腾讯以微信、支付、游戏为核心，成为全球最大游戏发行商，微信海外用户超3亿，微信支付进入约50个国家和地区。阿里巴巴以电商、支付、云计算、浏览器为主，速卖通覆盖全球200多个国家和地区；支付宝进入超过40个国家和地区，服务10亿海外用户；云计算排名全球前三；UC成为全球使用量的最大的第三方浏览器。以TikTok、《原神》游戏等为代表的各类中国企业App产品频频登顶下载排行榜，备受各国用户青睐。**数字版的"中国制造"，正在成为"中国智造"的新标签。**

此外，中国积极推动与相关国家的数字经济合作，提出"数字丝绸之路"等倡议。这是中国对于全球共同发展的美好愿景。以中国技术和中国模式缓解和弥合"数字鸿沟"，帮助数字技术欠发达国家和地区，让全球共享数字经济发展红利，正在成为新时代中国数字企业国际化发展的道义基础。

— 巨头们的"两次较量" —

跨国数字巨头的崛起是当前跨国企业发展的重要现象。跨国数字巨头为数字经济提供基础设施、平台以及数字化工具，是全球数字经济的主要推动者。从某种意义上说，中国的数字企业走出国门需要面对的最大挑战是来自跨国数字巨头们的打压和封锁，文化差异等运营挑战排在其次。

"70-20-10"规律

数字经济领域有一个区别于传统产业的特殊现象，就是特定领域的市场份额在充分竞争后通常会形成"70-20-10"规律，即细分领域龙头企业可以占到全部市场 70% 的份额，第二名企业通常只占 20% 的市场份额，第三名及其他中小企业合起来也只占到 10% 左右的市场份额。[1] 在这样的格局下，龙头企业独自制定该领域的游戏规则，其他企业几乎没有话语权。

放眼全球，微软在个人计算机操作系统市场的绝对优势，谷歌在搜索引擎领域和智能手机操作系统的统治地位，以及 Facebook 在社交网络和即时通信市场的优势等，都证明了该现象的客观存在。在深

---

1. 吴军 . 浪潮之巅 [M] .4 版 . 北京：人民邮电出版社，2019.

度学习开源框架领域，以谷歌、亚马逊、Meta（Facebook 的母公司）、微软等为代表的国际互联网科技巨头，牢牢占据了技术和规则的主导权。目前的开源框架，已经形成谷歌的 TensorFlow 和 Facebook 的 PyTorch 两家独大的格局，全球 90% 以上的开发者都在这两个开源生态体系中。

相对地，中国数字巨头在国内市场也居于绝对优势地位。百度在中文搜索引擎领域的市场份额、腾讯在社交网络领域的市场份额、阿里巴巴在电商领域的市场份额，也都超过了 2/3。单一市场的份额也呈现"一家独大"的分布特征。

当行业领域规则牢牢把握在一家龙头企业手中时，任何试图进入该领域的后来者都容易遭遇龙头企业的极力阻截和打压。

从全球看，美国的数字平台企业牢牢把握主要数字领域的规则制定权，坐拥高端人才资源和核心关键技术等，在国际竞争中具有明显的"先发优势"。以欧洲市场为例，搜索用谷歌，个人计算机操作系统是微软，手机操作系统是安卓，电商是亚马逊，美国企业几乎垄断了互联网的各主要细分领域。由于美国数字巨头的市场垄断格局已定，其他国家甚至欧洲本地企业在互联网传统领域都很难再有所作为。

第一轮较量

在国内数字经济发展的早期，本土数字企业与美国数字巨头是竞争与合作并存。以国内市场为主战场，竞争主要体现为对中国国内市场份额的争夺，合作则主要体现为各种并购和注资等。美国数字巨头们争相进入中国市场，启发了后来国内互联网行业的蓬勃发展。中国本土数字企业的发展，也离不开国际资本的投资支持。

例如，亚马逊一进入中国，就以 7500 万美元收购了卓越网，试图直接打开中国电商的大门。2004 年，当时淘宝创业才一年多，正艰难挑战由美国易贝（eBay）投资的国内最大网购巨头易趣，双方进入激烈的竞争阶段后，美国雅虎投资 10 亿美元收购阿里巴巴 40% 的股份，支持淘宝行稳致远[1]。

后来，中国市场和中国消费者的独特性，使得国际巨头们在与中国本土企业的竞争中"水土不服"。随着中国本土数字企业不断发展，国际数字巨头受到激烈的市场竞争和部分政策约束的影响后且战且退，逐渐"退出中国"。

例如，国际电商巨头亚马逊（Amazon）在与淘宝、京东等本土电商的激烈竞争中颓势明显，市场份额从 2008 年的超过 15% 降至 2018 年的不到 1%，并在 2019 年宣布停止为国内第三方卖家提供服务。2014 年进入中国的国际共享汽车巨头优步（Uber），经过激烈的市场份额抢夺大战，最终落败于中国本土版优步——滴滴[2]。2015 年开始在中国开展业务的国际民宿巨头爱彼迎（Airbnb），在与携程等本土企业的

1. 人民网 . 雅虎正式申请剥离阿里股份 持有股份注入新公司［EB/OL］.（2015-07-21）［2022-09-28］.
2. 曾乔 . 资本成长论：企业成长与资本运营［M］. 北京：人民邮电出版社，2021.

竞争中，也频频遭遇"水土不服"问题，于 2022 年 7 月关停了在中国的大部分业务。

最终，中国数字企业在本土市场基本完胜国际数字巨头。这一轮较量，中国企业胜出。

放眼全球，在搜索、社交网络、视频等传统互联网细分领域，由于国际数字巨头"退出中国市场"，全球市场空间实际上被分割为中国和国际两大空间。例如，百度是国内中文搜索引擎和导航产品的巨头，但在国际市场上，谷歌的市场份额占据着绝对优势。在社交软件方面，国内是腾讯微信独步天下，国外则基本由 Facebook 一统江湖。

现阶段，依托国内海量数据和丰富应用场景优势，充分抓住大数据、人工智能、云计算等新兴技术高速发展的历史性机遇，中国国内已经形成以百度、阿里、腾讯、京东（简称 BATJ，为四大传统互联网平台）和今日头条 / 字节跳动、美团点评、滴滴（简称 TMD，为三大新兴互联网平台）为主的数字平台企业竞争格局。在国际市场上，美国五大科技巨头——Meta、亚马逊、微软、谷歌和苹果通过不断的兼并收购，稳步扩大在全球市场的份额，同时牢牢把握人工智能等前沿技术领域的规则制定权。

第二轮较量

实现产品和服务的全球化，可能是任何一家数字经济平台企业的梦想。舞台足够大，市场盈利空间才大。正如某国内知名互联网公司创始人所说：**"中国的互联网人口，只占全球互联网人口的五分之一，如果不在全球配置资源，追求规模化效应的产品，五分之一，无法跟五分之四竞争，所以出海是必然的。"** 对大型数字平台企业来说，中国国内的市场份额已经基本见顶，"内卷式"竞争必然遭遇"反垄断"监管风暴，只有海外市场才能提供更大的舞台。

因此，走向全球市场的"星辰大海"，是中国数字巨头们面向未来发展的必然选择。近年来，主要数字平台企业全面加大海外投资和海外市场拓展力度。尤其 BATJ 和 TMD 充分发挥资金优势，持续在海外发起大规模投资和并购，成为美国数字巨头们在全球最主要的竞争对手。从某种意义上说，中国企业也是美国数字巨头在全球唯一的潜在竞争对手。

中国的数字平台企业走向海外，意味着与美国数字巨头们在国际市场上再次短兵相接。这次竞争各方的优劣势发生了重大转变。"本土化能力"成为中国企业的相对劣势，企业在国内积累的海量数据和丰富应用场景成为新的优势。

例如，在移动互联网领域，依托在全球规模最大、用户最活跃、竞争最残酷的中国移动互联网市场，中国企业在内容、电商、视频等领域的创新精神和竞争力极为突出。许多国内商业模式创新甚至已经开始被美国企业"反向借鉴"。快速发展中的广大新兴市场，正在成为中美两国数字巨头们角逐的重点。

TikTok 在全球范围内取得的巨大成功，就是国内海量数据和丰富

应用场景优势"溢出"的集中体现。应该说，TikTok 的全球爆红是国内数字巨头走向海外，打破美国数字巨头垄断的一次成功尝试。这不仅是新兴互联网领域的一次重大商业模式创新，还对中国数字企业走出国门产生了极为深远的激励作用。

具体来看，在全球设立海外实验室或研发中心，是跨国数字平台企业全球布局的重要方式。美国平台企业在全球人工智能融合创新应用人才集聚的国家，如美国、英国、法国、德国、加拿大、日本、以色列、新加坡等，都在加速研发布局。微软建立了全球 8 大研究院，IBM 在全球先后设立了 12 大研究院[1]。中国企业的海外研发布局起步较晚，但发展迅猛。早期以美国为主，例如百度和腾讯的首个海外人工智能实验室分别于 2014 年和 2017 年在美国成立。后来，中国企业的研发布局也开始拓展到欧洲、日本、以色列、新加坡等地。

2020 年新冠肺炎疫情冲击全球经济，美国科技五巨头手握大量现金，借机在全球大举扩张，在游戏、网络安全、数据挖掘、深度学习等领域加速全球并购步伐，积极巩固全球技术领先优势。笔者根据网络公开资料统计发现，仅从 2020 年到 2022 年 8 月，微软至少先后并购了 17 家企业，亚马逊并购了 14 家，谷歌并购了 13 家，苹果并购了 12 家，Meta 并购了 11 家（见表 5-1）。

---

1. IBM 在全球先后设立了 12 大研究院，2021 年关闭中国研究院后，现在只有 11 大研究院。

表 5-1　美国五大科技巨头的并购行为（2020—2022 年 8 月）

公司名称	并购公司数	公开披露金额（亿美元）
微软（Microsoft）	17	977.50
亚马逊（Amazon）	14	170.06
谷歌（Alphabet）	13	130.93
苹果（Apple）	12	6.53
元宇宙平台公司（Meta）	11	70.55
总计	67	1355.57

数据来源：根据笔者基于网络公开资料进行的不完全统计结果

其中，2021 年微软以 687 亿美元收购世界顶级游戏公司暴雪（Activision Blizzard），被认为是标志着微软战略转型、进军元宇宙的重大战略决策。同年，Facebook 也宣布改名 Meta，开启从社交公司向元宇宙公司的平台重塑。

在这一轮由美国科技巨头发起的元宇宙潮流中，中国数字平台企业紧跟脚步，也相继宣布成立了元宇宙部门。但未来前景究竟如何，目前仍然在争论中，有待相关技术的突破性发展。可以预期的是，在新的技术趋势面前，中国数字企业与美国数字巨头在数字基础设施、人工智能、云计算等前沿技术领域的竞争仍将继续，而且极有可能越来越激烈。

— 内容出海背后 —

2020 年 9 月，一款中国企业制作的游戏——《原神》在全球同步上线发行。这款游戏上线伊始便火遍全球，在中国、美国等 41 个国家和地区的游戏畅销榜登顶，并在超过 80 个国家和地区跻身前十。2022 年 1 月 5 日，版本更新的那一天，《原神》几乎霸榜各国的苹果畅销榜。据 data.ai 估算，截至 2022 年 4 月，《原神》在上线不到两年的时间内，全球营业收入已经接近 27 亿美元。

游戏是文化的重要载体，也是中华文化走出国门、联通世界的重要方式。本土游戏产品国际化的背后，本质上是中华传统文化的国际化。《原神》通过游戏这种大众较为容易接受的方式，以云堇这一经典游戏角色为载体，可以让不计其数的海外玩家潜移默化地接触中国戏曲文化，甚至由此产生对这门中国传统艺术的兴趣，进而主动去了解中国戏曲文化，甚至形成对中华文化艺术的自然好感。从文化传播的角度看，一部《原神》产生的国际影响力，实际上是很多人难以想象的。

游戏出海：从被迫到主动

《原神》的全球爆红，实际上是中国游戏企业在海外市场默默耕耘多年的一个标志性成果。从整体发展看，中国游戏出海总体以 2019 年为分水岭，经历了两个发展阶段。

2019 年之前，大多数游戏公司出海是被迫的。在当时的情况下，由于国内游戏行业竞争异常激烈，同时国家对游戏发行总体收紧，国内中小规模游戏开发企业的生存空间被严重挤压。2018 年以来，随着国家有关部门不断收紧国内游戏版号发放，大量国内游戏公司为了生存，将新产品直接投放到海外市场，海外市场逐渐成为新产品发行的主战场。许多游戏公司是硬着头皮出海，背水一战。不出海则死，出海还有生存下来的机会。

2019 年后，由于国内互联网流量红利日渐消退，游戏企业出海逐渐从被动转向主动。尤其新冠肺炎疫情带来全球生活方式的变化，海外市场用户需求被激发，显示出巨大的商业价值，这导致海外游戏市场在近两年出现了井喷式发展。越来越多的游戏企业开始主动出击，针对特定区域，专门研发更符合当地用户习惯的产品，同时优质的内容供应也受到越来越多的关注。

许多游戏企业在这一波趋势中海外收入大增，海外市场为企业带来巨大收益。相关研究报告显示，2021 年上半年，中国出海游戏收入达到 85 亿美元，对整体游戏市场的贡献提升至 27%，连续 3 年高于国内手游增速。预计未来，中国出海游戏渗透率还有 1 倍增长空间，对应 230 亿～280 亿美元的市场规模[1]。

纵观全球游戏市场，中国互联网游戏企业的全球竞争力突出。

---

1. 申万宏源. 互联网行业出海系列报告之一：游戏新航海时代 [R/OL]. (2021-09-29) [2022-08-26].

最典型的是，过去十多年间，腾讯通过大量的海外并购加速出海，同时持有国外许多知名游戏公司的股权，已经成长为全球最大的游戏公司。仅在 2009—2018 年十年间，腾讯在海外完成并购投资就有 114 起，其中 37 起在游戏领域。根据 Newzoo 的报告，2018 年全球游戏市场收入为 1349 亿美元，收入排名前 25 家企业收入合计占总市场收入的 80%，而其中腾讯的收入高达 197 亿美元，占全球游戏市场收入近 15%，连续六年成为世界营收排名第一的公司。

2021 年，中国移动游戏市场规模超过 300 亿美元，是美国移动游戏市场规模的 2 倍。根据 Sensor Tower 的数据，2021 年在全球 App Store 和 Google Play 市场中，中国企业包揽全球移动游戏收入排名榜单前三，其中腾讯的《PUBG Mobile》和《王者荣耀》两款游戏的全球收入均到达 28 亿美元，米哈游的《原神》以 18 亿美元收入居第三位 [1]。

弱文化属性 vs 强文化属性

与游戏出海企业类似，以 TikTok 为代表的短视频企业在海外的表现也十分抢眼。由于国内短视频行业爆发期已过，流量成本持续提升，同时海外短视频市场存在较大空白，以字节跳动、快手、欢聚等为代表的中国公司 2017 年以后开启出海进程，在海外推出独立的短视频应

---

1. 前瞻产业研究院 .2022—2027 中国移动游戏行业市场前瞻与投资战略规划分析报告 [R] .深圳，2022.

用，并迅速成长为头部玩家。

从总体看，海外短视频尽管起源较早，但整体发展节奏慢于国内 1 ~ 2 年。2020 年后，海外短视频消费迎来集中爆发期。在与 Instagram、YouTube、Snapchat 等美国超级应用程序竞争的过程中，TikTok、快手等中国公司在国内超大规模消费市场上积累的经验发挥了重要作用。短视频出海引发的中国旋风，甚至超过了游戏出海，成为中国内容消费领域企业出海的最大亮点。

例如，中国年轻姑娘李子柒将中国的乡村生活、风土人情、文化传统拍摄成视频，上传到海外视频网站后，产生了"现象级"全球影响力。以李子柒为代表，国内原创视频现象级 IP 全球爆红的背后，是跨越文化的世界各国人民不断认识甚至认可和接纳中国传统生活方式、生活美学的过程。

文化属性其实是互联网企业出海绕不开的一个关键性问题。传统的行业分析，通常会把游戏、短视频等内容消费和互联网工具等一起，列为弱文化属性的类型，认为弱文化属性降低了这些领域的出海门槛。但在现实中，除了领先的市场嗅觉、先进的商业模式、精细的算法技巧，卓越的本土文化赋能实际上也是企业在海外市场获得成功的必要条件。简言之，内容消费领域出海在文化层面是"宽进严出"，高质量的作品背后都离不开高水平的本土文化赋能。

应该说，游戏、短视频等领域出海产品影响力的提升，实际上是中国的硬实力增长到一定程度后，软实力自然增长的体现。一方面，国内企业和创作者对本国文化、国情的自信心大幅提升，在作品中使用的中国元素和中国文化越来越多；另一方面，中华文化历来具备开放包容、底蕴深厚的气质，能够产生超越文明差异、触达人心的效果，具有很强的国际传播力。

内容消费领域企业要成功出海，既需要掌握充足的信息，精准了解不同地区海外市场的文化、习俗和竞争者情况等，又需要深度解析和呈现中国传统文化亮点，以文化赋能提升出海产品质量。这无疑对企业提出了极高的要求。如能实现国际化视野、本土化内容与本地化融合的有机结合，中国内容消费企业出海的未来将更值得期待。

跨境电商与规则博弈

2014 年是中国跨境电商发展的关键之年。这一年，海关总署正式明确了对跨境电商的监管规则，即从跨境电商渠道购买的商品只需要缴纳行邮税，无须缴纳关税、增值税和消费税。这一规则的施行加速推动了中国传统外贸向跨境电商贸易的转型和分流，中国跨境电商进入了高速发展的新阶段。

阿里巴巴的引领

从 1999 年成立阿里巴巴，到 2010 年创立跨境出口电商平台速卖通，再到 2014 年天猫国际正式上线，为国内用户直供海外原装进口商品，来自浙江杭州的中国跨境电商龙头企业——阿里巴巴集团，实际上引领着整个行业的发展节奏。

2014 年，阿里巴巴集团将全球化定为公司的基本战略，以"服务全球 20 亿消费者、1000 万中小企业，并实现全球 72 小时内商品送达"为业务目标，在全球实践"让天下没有难做的生意"。此后，阿里巴巴通过模式创新和兼并收购，推动跨境电商业态不断丰富，从最初的单纯平台展示，到以出口为主的在线交易，再到进口交易规模的稳步扩大，再到全方位服务生态体系的布局，全球战略布局持续完善。

2016 年，为适应全球数字贸易小型化、碎片化、定制化趋势，阿里巴巴集团提出世界电子贸易平台（eWTP）倡议，为全球中小企业提供在线交流和服务平台，实现"五个全球发展"——全球买、全球卖、全球付、全球运、全球游。这个倡议充分体现了阿里巴巴对跨境电商服务生态体系的深刻理解，对在线货物交易、跨境支付、跨境物流和人员流动的全链条都进行了布局。

同期，阿里巴巴集团也大幅加快了东南亚等重点区域的合作布局。2016 年，阿里巴巴投资 10 亿美元收购并控股了东南亚最大电商平台 Lazada。2017 年，阿里巴巴集团以 11 亿美元领投印度尼西亚的主流电商平台 Tokopedia。2017 年，阿里巴巴集团还与马来西亚数字经济发展局达成战略合作，双方确定联手在马来西亚打造第一个 eWTP "试验区"——数字自由贸易区。阿里巴巴旗下的菜鸟物流吉隆坡 eHub 在 2017 年 10 月投入运营，在马来西亚的三个主要港口提供的 B2B 港口服务，线路覆盖 55 个国家的 174 个港口，同时在两个机场开展空运服务，线路覆盖 48 个国家、189 个机场。同时，菜鸟推动集货仓和全球订单履约中心（GFC）等物流设施建设，重点帮助马来西亚商品出口中国市场。

南亚、中东和非洲也是阿里巴巴集团跨境电商布局的重点区域。2018 年，阿里巴巴收购了总部位于巴基斯坦的电商平台 Daraz.pk。该平台为巴基斯坦、孟加拉国、斯里兰卡以及尼泊尔等国家用户提供服务，有超过 3 万卖家，超过 500 万用户，销售超过 200 万种商品。同年，阿里巴巴投资土耳其最大的时尚电商平台 Trendyol，不断优化其在中东地区的跨境电商合作布局。2018 年以来，阿里巴巴先后与卢旺达、埃塞俄比亚等非洲国家签署共建 eWTP 的合作协议，帮助非洲企业搭建通往全球市场的平台和通道。

同时，在阿里巴巴集团的带动下，以杭州为核心，浙江的跨境支付、跨境物流等电商服务高速发展。杭州被誉为"全球最大移动支付之城"，金融科技体验全球领先，连连支付和乒乓支付等企业也积极获取境外牌照，持续提升跨境金融服务水平。依托宁波舟山港港口型国家物流枢纽，来自浙江桐庐的民营物流企业龙头"三通一达"（申通、圆通、中通、韵达）的智慧物流业务发展迅速，海外仓覆盖范围广泛，跨境物流服务能力持续提升。

阿里巴巴集团全球布局的不断加速，是中国跨境电商行业加速发展的一个缩影。阿里巴巴集团旗下的速卖通、天猫国际、菜鸟物流等，构成了一个完善的跨境电商第三方服务平台体系。这个平台体系与诸多入驻平台的跨境电商企业、其他竞争性平台、自建平台企业等，共同构成了中国跨境电商发展的市场主体。

随着越来越多的个人线下购买转为线上网购，以及大量下游采购商转移到线上跨境电商平台寻找上游供应链资源，整个中国跨境电商行业发展进一步加速。海关总署的数据显示，2021 年我国跨境电商规模迅速扩大，全年进出口规模达到 1.98 万亿元，增长 15%。相关研究报告显示，近年来我国跨境电商渗透率不断提升，已经从 2017 年的 29% 提升到 2021 年的 36%[1]。

如果只考量市场因素，在超大规模国内市场的加持下，按照这样的发展速度和趋势，中国的跨境电商将在世界范围内获得更大发展。尤其近两年 TikTok 电商的持续升温，正在成为中国跨境电商全球化发展的新亮点。不过，拥有巨大增长想象力空间的跨境电商业务，当然是美国数字巨头们要重点争夺的战场。

数字平台规则博弈

2021 年 5 月，全球电商巨头亚马逊掀起封号行动，在两个多月的时间里封了超过 5 万户中国卖家的店。据估计，这造成行业损失超千亿元，给了正发展得如火如荼、处于增长爆发期的中国跨境电商一记当头棒喝。尤其是对完全依靠亚马逊为海外销售平台的电商企业，其

---

1. 观研报告网.中国跨境电商行业发展现状分析与投资前景研究报告（2022—2029 年）[R/OL]. [2022-09-28].

海外业务一夜清零，遭遇的是毁灭性打击。

亚马逊平台规则的改变，本质上是一次与长期依靠该平台的中国跨境电商企业的规则博弈，反映了亚马逊平台与跨境电商企业对服务体系的主导权之争。

在这次亚马逊封号潮中，中国跨境电商卖家上演了一场生死大逃亡。大量卖家纷纷转移阵地，涌入中国本土跨境电商平台。中国跨境电商企业与国际巨头们的竞争与博弈，从最初就注定是不可避免的。以阿里巴巴、京东为代表的中国跨境电商平台巨头，始终是亚马逊等美国跨境电商巨头最强有力的竞争者。最新的趋势是，大型平台们的竞争正从传统电商业务向跨境物流、金融支付、云计算、物联网技术等更广泛的领域拓展。

面对大型电商平台激烈的规则博弈，来自广州的跨境电商企业SHEIN 演绎了另一种版本的出海故事。

从 2015 年开始，SHEIN 以广州为供应链和仓储物流中心，花了两年的时间组建和培养团队，完整地打造了一条从商品设计、打样、生产到仓储物流，再到线上销售运营自主可控的供应链。SHEIN 将互联网研发和数字化建设有机融合，不仅自建跨境电商独立 App、海外仓和物流配送体系，还搭建了全球运营中心，负责海外市场线上线下整体营销运营战略。2019 年后，SHEIN 开始在海外互联网平台上与大量网红合作带货，凭借高品质、低价格和跟随时尚潮流的营销宣传，在海外年轻人中一炮而红。App 下载率在 20 多个国家和地区中排名第一，成为全球最受欢迎的线上购物 App 之一。

依托自主建立的"柔性供应链－用户－实时数据分析－算法推荐"产业链循环，SHEIN 的销售收入在近两年内增长了近 10 倍，用户遍布全球 220 个国家和地区。2020 年，SHEIN 当年营业收入同比增长 250%。2021 年，SHEIN 实现营业收入 160 亿美元，合人民币超 1000 亿元，年增长率 60%。2022 年上半年，SHEIN 的 App 登上美国 iPhone App Store 所有应用程序下载量的榜首，已经超过亚马逊。

总结 SHEIN 的成功之道，核心在于企业是从跨境电商全链条服务生态的角度来建构自身的商业模式，通过大力建设"独立站＋第三方平台"模式，既利用了平台流量，又保证了自身的独立性，从而有效规避了平台规则博弈的风险。

放眼未来，发挥中国制造的硬实力优势，持续提升跨境服务软实力，以在线的跨境商品交易为核心，带动跨境物流、跨境支付、物联网、云计算等行业的快速发展，构建和完善跨境电商服务生态体系，是中国跨境电商转型升级发展的重要方向。

在当前阶段，全球跨境电商零售交易规模仍在持续扩大，网购已经成为一种全球性消费趋势。尤其在新冠肺炎疫情期间，跨境电商凭借线上交易、非接触式交货等优势，成为稳定国际贸易形势的主力军。加强跨境电商协作、探索制定全球规则越来越多地被列入政府间协商议题。中国在跨境电商领域的率先实践和丰硕成果，也开始受到越来越多的关注。

同时，随着人工智能、大数据、云计算等新型数字技术的快速发展，近年来全球性数字规则体系缺失的问题日益明显。全球弱监管环境下数字经济的"野蛮生长"，对经济社会稳定发展带来一系列新的挑战。如何正确看待和应对数字经济对传统国家治理的冲击，成为国际规则协商和制定中的难题。国家治理边界和跨国公司行为之间的互动变得尤其复杂。尤其是如何有效监管全球数字巨头，正日益成为全球各国政府共同关注的重要议题。美国和欧洲许多国家开始加快推进数字经济监管体系改革，大幅加强对个人数据保护、平台内容审查、反垄断等领域的监管力度。2020年以来，欧盟不断提出新的数字领域立法提案，试图引领全球数字治理规则。

同时，不同国家对数字经济监管的态度分歧，也加大了规则协商的难度。例如，美欧之间在数字经济监管理念和方式等方面历来存在较大分歧。2019年以来，以法国为代表的欧盟国家单方面推动征收数字税。由于谷歌、Facebook、亚马逊等美国数字巨头是欧洲国家数字税的主要征收对象，美国对此强烈不满，并对相关国家发起反制调查。此外，许多其他国家跟随效仿，到2021年8月，已有超过40个国家通过立法明确开征数字税[1]。这些已经开征数字税的国家在相关标准上缺乏协商，征税主体标准、税率等各不相同，这为数字税机制的协商带来更大挑战。

---

1. 周念利，王达. 数字税的影响、挑战和建议［EB/OL］.（2021-04-16）［2022-08-29］.

随着全球数字经济加速发展，其他发展中国家参与数字规则制定的积极性也不断提高，数字经济规则开始呈现"武器化"趋势。2020年6月，印度电子信息技术部宣布，禁止 TikTok、微信、UC 浏览器、美图、快手等59款中国应用程序在印度的正常使用，理由是涉及"国家安全""数据安全"和"个人隐私"等问题。这次"印度封禁中国App"的背后，既有政府干涉的影子，又有跨国数字巨头利益竞争，更是国际数据规则博弈的结果。

可以预期，随着中国数字企业在全球市场份额不断提高、影响力日益扩大，其面临的数字监管规则等各类挑战将更加突出。加强数字企业应对海外监管博弈的能力迫在眉睫。

激烈的全球数字规则博弈下，以跨境电商为切入点，积极参与全球数字规则制定，是中国从国际规则层面参与全球合作与竞争的重要思路。2020年，新加坡、智利、新西兰三国签署《数字经济伙伴关系协定》（Digital Economy Partnership Agreement，DEPA），成为全球首个正式签署的数字贸易协定。2021年11月，中国政府正式提出申请加入 DEPA。中国积极推动和深度参与数字经济国际合作，已经在路上。

小 结

　　中国在数字经济领域的国际竞争力，首先来源于国内海量数据和
丰富应用场景的基础优势。许多数字企业将国内成功的商业模式、较
为成熟的技术快速复制到海外市场，推动数字版"中国制造"成为新
时代的"中国智造"，造就了一波数字企业出海热潮。对中国本土数字
巨头们来说，企业核心竞争力与市场空间紧密相关。舞台越大，企业
竞争力越强。走出国门，直面与全球数字巨头的激烈竞争，推动产品
和服务的全球化，是关乎中国数字企业长期生存和可持续发展的必然
选择。本土游戏、短视频等内容产品出海影响力的提升，是中国的硬
实力增长到一定程度后，文化软实力自然增长的体现。跨境电商的蓬
勃发展，则是中国国内完备制造业产业体系与超大规模国内市场双向
赋能的结果。展望未来，全球数字经济规则的激烈博弈，将成为中国
数字企业走向全球面临的最大不确定性。

思 考

1. 中国数字经济企业国际合作发展经历了哪几个阶段？

2. 当前国际国内数字平台企业竞争格局是怎样的？

3. 中国数字内容出海背后的竞争力来源是什么？

4. 中国跨境电商发展有哪些主要特征和典型模式，当前面临哪些挑战？

5. 当前全球数字规则博弈的重点是什么？对中国企业影响如何？企业怎样应对？

6.

企业对外投资的
逻辑

大道至简。

2013 年，中国企业出资 50 亿美元，成为某国外油田的股东之一，并开始大力推动油田开采。该油田预计石油储量高达 350 亿桶，是近半个世纪全球新发现的最大油田之一。美国、英国、日本等发达国家油气巨头率先获得了该油田的开采权，但因开发过程遇到重重技术难题，许多国家选择了放弃，纷纷将手中股权卖出去。当时，中国企业的接手引来各同行的嘲笑，被认为是一个注定要失败的投资。

然而，汝之砒霜，我之蜜糖。

面对超高开采难度，中国企业选择了迎难而上，先后派出多批顶尖工程师，针对诸多技术难题进行逐一攻关。企业从国内调来大量基建工人，通过挖深拓宽海上运输渠道，在石油开采区域建大坝，对油田的开采环境进行系统改造，充分发挥了中国世界一流基建能力优势，终于改天换地，化腐朽为神奇。仅仅用了三年的时间，到 2016 年，该油田一期成功实现投产。此后日产原油水平稳步提升，到 2021 年年底该油田日产已经超过 40 万桶，成为该地区最大的油气基地。

　　这个故事告诉我们，在考量中国企业对外投资的收益时，大多数情况下都必须谋长远、算大账。如果只是纯粹从商业利益的角度核算单个项目的成本收益，对许多项目就只能选择放弃。如果站在与相关国家共同谋发展、找出路的角度，深入挖掘项目可能带来的潜在收益，结合企业多年来磨炼出来的"不怕困难，艰苦奋斗"精神，对中国的众多企业来说，许多项目又成了重要的可选项。随着越来越多的中国企业走出国门，如何正确理解企业对外投资的决策逻辑，正日益成为一个关键性问题。

― 五大投资动机 ―

　　企业开展对外投资活动的主要动力来源是什么呢？这个问题很关键。20世纪60年代以来，在国际对外直接投资理论研究中，投资动机问题一直备受关注。

　　投资动机体现了跨国公司的本质特征，是决定跨国公司全球投资决策的核心考量因素。只有了解企业对外投资的多元动机，才能理解企业对外投资活动的核心关注及发展趋势。在国际理论研究中，海默的垄断优势理论、巴克利的内部化理论、费农的产品周期理论，都尝试从不同的角度解答这个问题。

　　在各项理论中，英国经济学家邓宁在20世纪90年代提出的对外投资动因理论影响力最大。该理论将企业对外投资动机归纳为四类：一是资源寻求型，即寻求稳定资源供应或利用廉价资源；二是市场寻求型，又可以划分为防御型市场寻求和进攻型市场寻求两大类；三是效率寻求型，是指企业为降低成本和提高生产率而进行投资；四是战略性关键资产寻求型，对应企业为获取和利用国外先进生产技术、生产工艺和管理经验而进行投资。[1]不过，这个模型主要描述的是发达国家跨国公司的投资实践。

还有学者在 2007 年提出了跳板理论，更好地解释了新兴市场国家对外投资的理论逻辑。跳板理论认为，新兴市场国家的企业在进行对外投资时可以通过并购战略性资源，克服后发劣势实现快速国际化，同时减少母国的制度约束和市场约束，在与其他跨国企业的竞争中获得更有利地位。企业的跳板行为是一种跨越式发展路径，核心是以国际扩张为跳板以弥补其竞争劣势，通过国外并购和获取战略性资产等，快速填补国内技术和品牌等资源空白，以企业的国际化扩张来反击进入母国市场的全球竞争者。[2]

借鉴这些理论研究成果，并结合多年的企业调研体会，笔者对中国企业对外投资的核心逻辑进行了梳理，认为中国企业对外投资的动机历来是多元化的，至少涵盖资源、市场、技术、收益和规则"五大动机"。

---

1. DUNNING J H. Multinational enterprises and the global economy [M] . New York: Addison Wesley, 1993.
2. LUO Y，TUNG R L. International expansion of emerging market enterprises: A springboard perspective [J] . Journal of International Business Studies, 2007（38）: 481-498.

动机一：获取资源，支撑国内关键要素供给

对外投资可以拓展对油气、铁矿石等重点能源资源的海外勘探、开发投资，促进相关产品的稳定供给，是保障国内经济社会正常运行的重要基础。中国庞大的人口体量规模和相对贫乏的自然资源条件，导致了对海外资源能源供给的客观依赖。尤其对一些国内稀缺的特定品类矿产资源，积极开展海外投资可以有效弥补国内资源禀赋的不足，对国内新能源、新技术等发展起到重要的支撑作用。

中国企业在铁矿石、新能源上游矿产等领域的海外投资多数就属于此类。改革开放至今，国内制造业蓬勃发展，逐渐形成"国外原材料＋国内产能＋国外市场"的出口导向型发展模式，成就了中国参与国际产业分工体系的关键性地位。但是，由于国内资源自给自足尚且不够，工业原材料只能大量依赖进口，对国际原材料的需求更加庞大。此外，随着中国经济进入高质量发展新阶段，超大规模国内消费市场不断培育壮大，对海外能源资源的需求也将稳步提升。

动机二：开拓市场，拓展企业海外发展空间

贸易和投资是跨国企业拓展全球市场的两大主要方式。大多数中国企业进入国际市场都是从贸易起家的。当贸易做到一定程度后，为了实现在海外目标市场的利润最大化，企业才开始在东道国当地投资设厂，以规避东道国的国际贸易壁垒，降低关税成本；当不存在贸易

壁垒时，通过收购当地企业，企业也可以快速获得本地化品牌或管理经验，更快地打开东道国市场。贸易和投资并举，可以实现既推动具有相对优势的产品、技术走向国际市场，又助力本国生产、服务更好地融入全球价值链体系。

在实践中，中国在轻工、纺织、机械等众多制造业领域的海外投资设厂，最初大都出于规避贸易壁垒的需要。尤其是在南亚、非洲等地的工业化基础薄弱的发展中国家，为了吸引国外制造类企业投资，提升本国工业化发展水平，相关国家对产品进口制定了高额关税，以迫使希望进入该国市场的跨国企业到当地投资设厂。当企业逐渐掌握了本地化生产运营的经验和技术，进行增资扩产通常会成为其巩固当地市场、辐射周边区域的必然选择。

动机三：引进技术，促进国内产业结构升级

发展中国家企业对发达国家的投资活动通常是从低技术梯度向高技术梯度的投资，具有"逆向技术溢出"效应[1]。正如在前文所说，其典型路径包括两类：第一类是通过并购东道国高技术企业，强化技术交流合作和先进技术引进，逐渐提升国内的技术水平；第二类是在东道国建立研发中心、雇用当地高技术人才等，直接作用于企业整体技术

---

1. 李梅，柳士昌．对外直接投资逆向技术溢出的地区差异和门槛效应：基于中国省际面板数据的门槛回归分析［J］.管理世界，2012（1）：21-33.

创新能力提升，通过学习模仿和创新资源共享提升国内的生产技术整体水平。

在实践中，由于国内企业发展多数是从中低端起步，然后逐渐向高端升级，在完成原始资本积累后，大部分龙头企业通过海外并购获取国外先进技术的动机都十分强烈。不过，由于不同领域的行业特征差异，企业对先进技术的整合吸收能力各不相同，对技术的引进有成功案例也有失败案例。在高新技术、数字经济等新经济新业态中，在海外投资设立研发中心等，几乎是所有技术相对领先企业的必然选择。通过对外投资引进技术或加强技术交流，中国跨国企业的海外投资对国内技术进步和产业转型升级起到了重要的促进作用。

动机四：提高收益，优化企业全球经营布局

跨国公司的海外拓展是全球资源要素不断优化配置的过程，常见路径是将资本和技术密集型生产环节留在国内，将劳动密集型生产环节转移到劳动力成本较低的发展中国家。尤其随着国内资本积累率不断提高，企业本土投资收益率持续下降，这为通过对外投资稳定资本收益带来了内在强劲动力。[1] 许多跨国公司成长到一定阶段，海外投资收益率水平会超过母国投资收益水平，海外市场成为主要利润来源。

---

1. 江小涓，孟丽君．内循环为主、外循环赋能与更高水平双循环：国际经验与中国实践［J］．管理世界，2021（1）：1-18.

高投资回报率是驱动多数中国企业海外投资的最大共性因素。在基础设施建设、轻工制造、数字经济等许多领域，国内市场已经进入竞争异常激烈、投资回报率降低的"红海"阶段。而多数发展中国家仍处于工业化发展初期，许多行业领域处于"空白"或"蓝海"状态，竞争对手少，企业定价能力强，投资回报率高。所谓市场有需求，企业就有收益。这也是越来越多的企业积极主动走出国门的根本性原因。

动机五：优化规则，提升行业国际竞争力和话语权

这是相关领域跨国企业综合实力发展到一定程度后，才会出现的新动机。从理论上看，所谓优化规则，可以对应两种情况：第一种是对应倒逼国内相关行业优化市场竞争规则，支持企业在特定领域或方向上的技术突破或市场争夺；第二种是对接调整国际规则，当对外投资的企业实际上已经居于行业领先或技术领先地位时，向外输出先进的技术和标准是确保企业国际竞争力的必然要求，这也是促进相关行业领域的国际规则和标准不断优化的市场规律。

推动规则优化是中国企业竞争力提升的必然趋势。近年来，随着中国基建、制造等水平的不断提升，以及各类数字经济新业态蓬勃发展，"中国智造"的影响力不断提升。一方面，通过对外投资，到海外搞研发、出新品，对接国际创新资源，有利于加速企业产品研发的技术迭代。另一方面，在高铁、数字贸易等部分领域，支持掌握先进技术和标准的中国企业走出国门，更多地参与国际标准或规则的制定，

符合促进经济社会发展的整体利益。

— 市场经济的驱动 —

企业对外投资本质上是一种市场行为。或者说，企业对外投资是一国经济和企业实力发展到一定程度后，必然出现的一种客观市场活动。中国企业对外投资的发展，与国内市场经济的发展紧密相关，具有非常明显的阶段性特征。不同阶段的企业对外投资的动机和重点各不相同，与当时国内经济发展水平和企业实力相匹配，也是市场经济不断发展的结果。

投资发展周期理论

关于一国的对外投资发展的客观规律，理论界有不少研究成果，其中影响最大的是英国经济学家邓宁在 20 世纪 80 年代提出的投资发展周期模型 [1]。该模型认为，随着经济的发展和人均 GDP 水平的提高，一国的净对外直接投资（直接投资输出减直接投资输入之差）发展将受到所有权、内部化和区位三方面优势变化的影响，具有规律性特征，

---

1. DUNNING J H. Explaining the international direct Investment position of countries: Towards a dynamic or developmental approach [J]. Weltwirtschaftliches Archiv, 1981 (117): 30-64.

通常可以分为五个阶段（见表 6-1）。

表 6-1　邓宁投资周期理论的五个阶段

阶段划分	双向投资特征	比较优势分析	国家发展阶段
第一阶段	较少接受直接投资，也没有对外投资，净对外投资为零或负数	企业没有所有权和内部化优势，国家也不具备区位优势	人均 GDP 一般不超过 500 美元，属于最不发达国家
第二阶段	随着经济发展，吸收外资增加，但对外直接投资仍然为零或很少，净对外投资额为负数	企业还未建立可靠的所有权和内部化优势，但随着国内基础设施改进、经济结构和外资政策的调整，区位优势有所增加	大多数发展中国家处于这个阶段
第三阶段	随着经济发展水平进一步提高，资本流出逐渐快于资本流入，净对外直接投资额仍为负数，但数额日益缩小	本国企业的所有权和内部化优势日益上升，竞争力大为增强，而外国子公司的所有权优势下降，实现东道国和母国比较优势的结合	大多数新兴工业化国家处于这个阶段
第四阶段	随着经济发展到较高水平，资本流出超过资本流入，该国成为净对外投资国，净对外直接投资大于零且不断扩大	本国企业具有强大的所有权和内部化优势	一些发达国家处于这个阶段

（续）

阶段划分	双向投资特征	比较优势分析	国家发展阶段
第五阶段	净对外直接投资额仍大于零，但绝对值已经开始下降	对外直接投资受经济发展阶段的影响已经大大减弱，更多地取决于发达国家之间的交叉投资	—

资料来源：根据相关公开资料整理

　　根据该周期理论，若以人均 GDP 代表经济发展水平，以人均净对外直接投资代表参与国际直接投资的地位，可以把一个国家参与国际直接投资的动态演变划分为五个阶段（见图 6-1）。

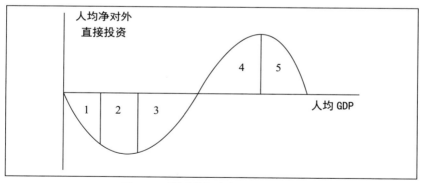

图 6-1　对外直接投资发展的五个阶段

资料来源：高敏雪，李颖俊.对外直接投资发展阶段的实证分析［J］.管理世界，2004（01）.

　　对照观察中国对外投资发展的历史，我们发现邓宁的投资发展周期理论具有较强的解释力。在 1949 年至今的七十余年中，中国对外投资发展经历了四个阶段：中华人民共和国成立后到改革开放前的内部积累期（1949—1978 年），改革开放后到加入 WTO 前为探索起步期（1979—2001 年），加入 WTO 到党的十八大前为快速发展期（2002—2012 年），党的十八大以来为跨越发展期（2013 年至今）。[1]这个发展过程，基本可以对应邓宁投资发展周期模型的前四个阶段。

内部积累期（1949—1978 年）

此时，国内产业和工业体系初建，开展国内建设是核心任务。受国际形势和国内发展基础的局限，真正意义上的企业对外投资还没有出现，国内经济发展核心是重建国民经济产业体系。这可以对应邓宁周期模型的第一阶段。

在这个阶段，中国有一个特殊情况，就是中国一直在进行对外援助，先从周边友好国家开始，1995 年万隆会议后援助范围扩大到亚非发展中国家。到 20 世纪 70 年代末，中国对外援助范围从 32 个国家增加到 66 个，援助范围从亚非国家拓展到拉美国家和太平洋国家。通过广泛开展对外援助，中国与广大发展中国家建立了友好关系，并积累了一些在境外开展项目的经验。

---

1. 黄勇，谢琳灿 . 中国对外投资发展的历史回顾、最新形势和趋势展望［J］. 全球化，2020（10）：29-41.

探索起步期（1979—2001 年）

1979 年 8 月，国务院颁布的 15 项经济改革措施中，第一次明确规定允许出国办企业（第 13 项措施），对外投资由此开始作为一项政策确定下来[1]。中国境外投资开始进入周期模型的第二阶段。一些长期从事进出口业务的专业外贸公司和具有对外经济合作经验的企业利用自身的有利条件，率先跨出国门到海外投资。1979 年 11 月，北京友谊商业服务公司在日本创办了中国改革开放后的第一家海外合资企业——"京和股份有限公司"。

整个 20 世纪 80 年代，国内参与对外投资的企业数量较少、规模较小、类型单一，主要有进出口经营权的专业外贸公司、省市所属的对外经济技术合作公司，以及少数大中型工业企业和综合性金融企业，投资领域主要集中在建筑工程、咨询和服务业。例如，1987 年，国务院批准中国化工进出口总公司进行国际化经营试点，成为第一家可以试点境外非贸易型投资和运营的大型企业。根据联合国贸发会议的统计，截至 1990 年年底，中国对外直接投资存量规模为 44.55 亿美元[2]。

1992 年后，随着社会主义市场经济体制的确立，更多有竞争力的企业开始主动走出国门。20 世纪 90 年代，中国制造企业对外投资发展

---

1. 张广荣 . 我国"境外投资"基本政策发展演变 [J] . 国际经济合作，2009（9）：21-27.
2. 江小涓 . 新中国对外开放 70 年 [M] . 北京：人民出版社，2019.

较快，尤其境外装配加工投资增长迅速，华为、中兴等企业也开始探索对外投资合作。同时，也有几个较大规模的企业开展境外能源资源投资，以中石油、中海油为代表的大中型国有企业是主要力量。同期，对外承包工程从 1992 年完成营业额 28 亿美元起步，在此后 20 年内实现了承包规模百亿、千亿两个数量级的跨越，成为国内企业"走出去"的重要方式之一。

快速发展期（2002—2012 年）

2001 年加入 WTO 后，国内对"走出去"的管制不断放宽。2002 年，党中央明确要加快实施"走出去"战略，并开始建立相关服务体系。我国企业对外投资步伐明显加快，进入周期模型的第三阶段。

2002—2007 年，中国对外投资实现了年均 60% 的高速增长。2005 年，对外直接投资首次超过百亿美元，到 2007 年流量规模已经增长至 265 亿美元。2008 年国际金融危机爆发后，不少欧美国家企业陷入现金流困境，中国企业及时把握海外并购机遇，对外投资呈井喷式发展。

有人甚至将 2009 年定义为"中国海外并购元年"。

在这股并购潮中，许多举世瞩目的大型交易不断涌现。前文中提过的中联中科并购意大利 CIFA、均胜电子并购德国普瑞、吉利并购沃尔沃汽车等，都成为这个时期"蛇吞象"式并购的经典成功案例。2012 年，中国企业对外投资达到 878 亿美元，其规模在全球仅次于美国和日本。

截至 2012 年年底，中国对外直接投资存量达 5319 亿美元，居全球第 13 位。中国 1.6 万家境内投资者设立近 2.2 万家境外企业，年末境外企业资产总额超过 2.3 万亿美元。企业对外投资形式趋向多样化，全球分布更加广泛，覆盖全球 179 个国家和地区。[1] 投资行业和主体也趋向多元化，一批较有实力的本土跨国公司开始出现。[2]

跨越发展期（2013 年至今）

2013 年以后，在各类倡议及政策的推动下，中国企业对外投资再次提速。2014 年，我国对外直接投资超过直接利用外资，净对外投资额首次转正，开始进入周期模型的第四阶段。

2015 年，中国对外直接投资额跃居全球第二，同时继续保持资本净输出。2016 年，中国对外直接投资蝉联全球第二，将近 2000 亿美元，创历史新高。2017 年后，由于国际形势变化，叠加国内政策调整，我国对外直接投资规模出现较大幅度回调，净对外投资额快速回落到略高于零的位置并保持（见图 6-2）。

2020 年新冠肺炎疫情严重冲击世界经济，全球外商直接投资流量大幅萎缩，中国对外直接投资逆势增长，规模首次居世界第一位。由

1. 商务部 .《2012 年度中国对外直接投资统计公报》发布 [EB/OL] .（2013-09-09）[2022-09-29] .
2. 隆国强 . 构建开放型经济新体制：中国对外开放 40 年 [M] . 广州：广东经济出版社，2017.

于利用外资规模也稳步增长，双向投资规模相当，近几年中国净对外投资额始终在零值附近徘徊。这也是在国家综合竞争力提升背景下，企业主动统筹国内国际两个市场、优化跨境关键要素配置，实现生产效率最大化的必然结果。未来中国是否仍将遵循邓宁周期理论的规律，是一个值得持续关注的问题。

图 6-2　中国双向投资发展的总体情况（2002—2020 年）

资料来源：商务部历年中国对外直接投资统计公报

─　世界一流跨国公司　─

　　跨国企业历来是各国对外投资的核心主体。中国对外投资的快速发展，最直接的结果是一批中国本土的跨国企业开始迅速成长起来。

　　来自中国的一流跨国公司应该是什么样的呢？在构想中国一流跨国企业的画像时，我首先想到的是国家电网——中国中央企业对外投资最成功的标杆性企业之一。

　　成立于 2002 年的中国国家电网公司，是全球最大的公用事业企业，也是世界上输电能力最强、新能源并网规模最大的企业，掌握着全球最领先的输变电技术。通过发挥中国在特高压输变电等领域的技术和管理优势，当前国家电网的所有海外项目均运行平稳、管理规范，得到当地社会和监管机构的充分肯定和高度评价，其品牌是国际上的"金字招牌"。截至 2021 年年底，通过对外投资，国家电网在海外运营着巴西、菲律宾、葡萄牙、澳大利亚、意大利等 9 个国家和地区的骨干能源网。通过积极探索以自身实力造福全球其他国家和地区的共赢合作路径，国家电网已经成为全球电力互联互通的倡导者和领跑者。

全球跨国公司排行榜

　　跨国公司是经济全球化的主导力量，深刻影响着世界经济的发展进程。以 17 世纪的英国东印度公司为代表，资本主义国家海外殖民扩展时期成立的系列特许公司，被认为是早期跨国公司的雏形。1865 年成立的德国拜尔公司，就已经是现代意义上的跨国公司。第二次世界大战后，从事跨国生产经营活动的企业实体大量涌现，跨国公司发展逐渐受到越来越多的重视。

　　到 20 世纪 60 年代，雷蒙德·弗农在哈佛大学建立了美国大型跨国公司数据库，开始系统收集和整理跨国公司发展的历史背景资料。1972 年，联合国经济与社会理事会通过决议，要求联合国秘书处成立一个"知名人士小组"来研究跨国公司问题。随着相关研究不断开展，跨国公司发展逐渐受到政府和国际组织的重视。

　　目前，对跨国公司最为权威、最全面的定义，来自联合国 1986 年发布的《跨国公司行动守则》草案，其对跨国公司定义的核心内涵是：在两个或两个以上国家拥有运营机构的企业，通过一个或多个决策中心对所有运营机构施加影响，所有机构在一个决策体系下实现紧密联系，并通过知识、资源共享和责任分担等，最终实现企业的共同政策和全球战略。

　　时至今日，人们谈起跨国公司时，首先想到的是各种各样的跨国企业榜单。其中知名度最高的，莫过于美国《财富》杂志每年评选的"财富世界 500 强"排行榜，又称"世界 500 强"。《财富》杂志在 1995年第一次发布了同时涵盖工业和服务业的全球企业榜单，至今已连续发布 27 年，这一榜单也成为衡量全球跨国公司表现最著名、最权威的榜单。

　　"世界 500 强"主要以企业销售收入为依据进行排名，直接反映全球跨国企业发展的最新趋势。一方面，1995—2021 年，有 164 家企业从未落榜，沃尔玛在 2014—2021 年连续 8 年稳居全球第一位；另一方面，以亚马逊、苹果等公司的排名不断上升为代表，电子信息和通信技术行业快速崛起，取代传统能源行业，成为入榜企业最多的领域。根据 2021 年"世界 500 强"榜单结果，上榜公司 2020 年的总营业收入约为 31.7 万亿美元，相当于当年全球 GDP 的 1/3。其中，前 50 名上榜公司的总营业收入和总利润，分别是占全部上榜公司总营业收入和总利润的 30% 和 35%。

中国公司的快速成长

近年来，"世界 500 强"最明显的特点是，中美企业共同领跑全球。进入 21 世纪以来，美国上榜企业数量从 2001 年的 183 家，缩减到 2021 年的 122 家。同期，中国上榜企业数量从 2001 年的 12 家起步，此后逐年稳步增加，到 2021 年达到 143 家。2021 年，中国和美国上榜企业加起来达到 265 家，占总数的一半以上。在榜单前 50 强中，中国和美国企业合计达到 37 家，其他所有国家企业加起来只占有 13 家。

中国企业的快速成长，无疑是"世界 500 强"榜单上最引人注目的趋势性变化。2001 年中国加入世界贸易组织时，上榜的中国企业仅 12 家，而后开始逐年增加。2008 年以后，中国上榜企业数量增长进一步加速，先后超过德国、法国和英国，并于 2012 年超过日本，成为美国以外上榜公司数量最多的国家。2019 年，中国上榜公司数量达到 129 家，历史上第一次超过美国（121 家）此后至今，中国上榜企业数继续稳步增长。

根据"世界 500 强"最新榜单上中国企业的情况，国有企业和骨干民营企业共同构成了中国跨国公司的主体。进入 2021 年最新榜单的 143 家中国企业中，有 49 家是中央企业，包括两大电网、三大电信运营商、"三桶油"[1] 等。其中，国家电网仅次于沃尔玛居全球第二，中国石油、中国石化分别位居全球第四和第五。同时，华为控股、荣盛控股、恒逸集团、紫金控股等民营企业，也都是当前中国对外投资的重要力量。

国际化运营能力短板

跨国公司的成功，与宏观经济、产业和政策环境密切相关，但更取决于公司本身的全球战略远见和跨境运营能力。要想充分发挥市场在资源配置中的决定性作用，只有持续企业主体、市场导向，大力提升企业的人、财、物等资源配置效率，发挥各利益相关方的主观能动性，才能发掘中国跨国企业在海外发展的潜力空间。

与美国、日本等发达国家的跨国企业相比，中国企业走出国门投资的时间较短，起步至今只有 30 多年。绝大部分企业都是在 2008 年之后才开始大规模对外投资的，总体上仍处于国际化运营的初期。与欧美的跨国公司相比，大部分中国跨国企业的国际化运营能力仍有较大差距，短板十分明显。

短板一：大多数企业的全球化战略和运营能力较弱。例如，除了华为、海尔等少部分企业，大部分中国企业在国际化过程中都未制订

---

1. 是中石油、中石化、中海油这三家石油企业的简称。

明确的国际知识产权战略，主动参与国际标准制定的意识薄弱，仍处于追赶世界领先企业的阶段。中国企业开展抱团投资合作、第三方市场合作也都处于起步探索阶段，虽然已有一些成功案例，但相关机制和模式仍处于发展的初期。

短板二：国际化人才培养不足也是普遍问题。多数中国企业缺乏境外投资经验，复合型跨境精英经营人才匮乏，跨国经营理念和方法较为粗放，对东道国法律法规不了解，对当地市场不熟悉，在投资的初期极易遭遇文化方面的矛盾和冲突。如何物色合适的本地职业经理人，常常是企业在海外并购后面临的最大难题。

短板三：多数企业的合规运营能力有待提升。尤其合规经营水平等亟待与国际接轨。由于国内外经营环境差异巨大，多数中国企业走出国门时间较短，尚未建立对接国际的合规文化和合规体系，不了解国际市场规则，容易触犯合规红线而导致违规。

积极培育世界一流跨国企业，既是新时代中国企业转型升级发展的必然产物，也是新时代推动高水平对外投资的目标要求，但是，关键核心技术是要不来、买不来、讨不来的。只有培育一大批能够主导全球产业链、具有全球资源整合力和控制力的国际一流企业，才能真正提升中国经济的全球竞争力，实现从全球产业链的参与者向主导者的转变。

客观来看，今天大多数中国跨国企业在全球的迅速崛起，实际上是企业业务扩张、产业发展趋势与相关国家发展需求同频共振的结果。中国超大规模的经济体量，使得中国跨国企业的崛起也附带着规模性优势，对原有的跨国产业利益分配带来了巨大的冲击。正因此，中国跨国企业面临的全球化挑战也是前所未有的，空前错综复杂。

— 直面全球化的挑战 —

什么是伟大的企业？美国管理学家吉姆·柯林斯在《基业长青》一书中，总结了许多高瞻远瞩的企业的案例，提出伟大企业区别于普通企业的一个重要特质是：有利润之上的追求[1]。从世界范围看，企业多如牛毛，一流跨国公司数量也不少，但能被称得上"伟大"的并不多。如果要推选出一家伟大的中国企业，当前大多数人想到的，恐怕都是同一家公司——华为。

作为一家民营企业，华为经过 30 多年的艰苦奋斗，在通信设备领域异军突起，打败了欧美电信霸主，成为全球电信领域的龙头跨国企业。华为全球化发展的非凡经历和特殊遭遇，对正在快速崛起的中国本土跨国企业，有着非同寻常的借鉴价值。

四个"全球性"

2001 年，创始人任正非在华为"欢送海外将士出征大会"上说：

---

1. 柯林斯，波勒斯.基业长青［M］.真如，译.北京：中信出版社，2006.

"在中国经济融入全球化的时代，一个企业需要全球性的战略眼光才能发奋图强；一个民族需要汲取全球性的精髓才能繁荣昌盛；一个公司需要建立全球性的商业生态系统才能生生不息；一个员工需要具备四海为家的胸怀和本领才能收获出类拔萃的职业生涯。"[1]

今天看来，这四句话实际上起到了运筹帷幄、决胜千里的作用，为当时华为走向全球指明了努力方向，成为华为后来成功打败各路竞争对手的核心经验，这可以被概括为四个"全球性"。

第一个是"全球性的战略眼光"。华为在1996年正式实施国际化行动的背景，是跨国通信设备巨头纷纷进入中国市场，国内通信市场竞争白热化。在跨国公司以"价格战"与本土企业争夺市场的激烈竞争中，为了"活下去"，华为主动出击，进军海外，建设国际化队伍。在全球业务拓展过程中，华为采取了先进入发展中国家市场，再进入欧洲、日本发达国家市场，最后进入美国市场的策略，这也体现了华为对通信领域全球竞争规律的深刻洞察，为企业竞争力稳步提升提供了缓冲发展空间。关于华为公司如何走出国门、走向全球的过程，任正非曾有一句精准的概括："华为公司前20年是走向国际化，是以中国为中心走向世界，我们后20年是全球化，以全球优秀人才建立覆盖全球的能力中心，来辐射全球。"[2]

第二个是"汲取全球性的精髓"。所谓全球性的精髓，其核心是附

---

1. 黄卫伟，等.价值为纲：华为公司财经管理纲要［M］.北京：中信出版社，2017.
2. 同上。

着于全球人力资本之上的创新研发能力。2019 年 6 月，华为发布《尊重和保护知识产权是创新的必由之路》报告，明确指出创新和知识产权保护是华为在过去 30 多年成功的基础，并披露华为每年将销售额的10%～15% 投入研发，过去十年累计研发投入约 730 亿美元。纵观全球，这个研发费用投入规模仅次于谷歌，居全球第二。目前，华为在全球已有 100 多个研发中心、研究院或分支机构，聘用外籍人员超过 3万人，真正实现了全球人才为我所用。

　　第三个是"建立全球性的商业生态系统"。2010 年年底，内部刊物《华为人》报上刊登了一篇 2 万多字的长篇调查报告，题目是《我们还是以客户为中心吗？——马电 CEO 投诉始末》。当时华为已经成为世界通信领域第二大供应商，内部制度和流程管理的"大机构病"难以避免。从这篇调查可以看出，华为高层在为抓住典型案例，推动机构内部机制改革，优化全球商业生态系统不断努力。汲取东西方文化和管理精髓，通过深度本土化，与客户建立长期的合作互信和利益捆绑，这是不走捷径的华为能够在全球范围得到越来越多认可的重要原因。

　　第四个是"员工四海为家的胸怀和本领"。决定组织能否取得成功的根本性因素，是人。通过内部组织架构和激励机制的调整，最大限度地激发员工海外创业的热情和干劲，这是华为成功的不二秘诀。面对高度不确定的海外市场，人的影响更是至关重要。在华为海外市场开拓的两个关键节点，拓展俄罗斯市场和日本市场，其所在国家市场都遭遇了危机，国际巨头纷纷撤资减员，而华为员工却坚守当地，逆流而上，与客户共度时艰，如此华为才最终得到客户的信任，实现真正的业务突破。在华为的微信公众号"心声社区"中，有一个"奋斗故事"板块，分享了大量海外员工奋斗创业的故事，满满的正能量反映出华为独特的海外创业文化。

非商业挑战

从 1996 年正式实施国际化行动，到 1999 年获得第一个海外订单，从 2005 年海外销售收入占总营收比例达到 60%，再到 2018 年海外营业收入超过 500 亿美元，华为在海外市场的拓展是一步一步稳打稳扎，在项目实战中锤炼本领。

通过前瞻且高超的战略布局、自身扎实的技术实力和卓越的服务能力，华为最终赢得了国际市场的广泛认可，以一己之力，撑起了整个 5G 行业全球发展的底层技术空间，同时奠定了中国企业在 5G 通信基础设施领域的领先地位。

正如华为《全球联接指数（GCI）2019》报告公布的结论，当一个国家对 ICT 基础设施的投资达到某个水平时，该国的经济增长将进入一个新的阶段。[1] 帮助相关国家开展 ICT 基础设施建设，推动跨越"数字鸿沟"，是华为全球化拓展的底层逻辑。这也是成就华为之"伟大"的"利润之上的追求"。

---

1. 徐宪平. 新基建：数字时代的新结构性力量［M］. 北京：人民出版社，2020.

如果故事就到这里，那就只是在全球化时代又一个跨国巨头崛起的商业故事。然而，时也，势也，运也。中国企业要想成为一个能够改变世界的、全球性的伟大跨国企业，需要过的必定不仅仅是商业关。当前中国跨国企业的崛起，面临前所未有错综复杂的国际环境。

2018 年至今，面对华为在 5G 领域建立的全球领先优势，美国公然违反国际通行商业合作规则，对华为的全球业务拓展进行全面打压。采取的制裁或封锁行动包括将华为列入实体清单，限制华为采购生产设备、软件技术，限制非美国企业为华为提供芯片等。2021 年，美国联邦通讯委员会甚至通过了 19 亿美元的预算，用以补偿美国农村地区拆除华为等中国公司网络设备的花费。[1] 当前，华为面临的来自他国的单边操作，已经远远超出了普通的商业逻辑范畴。

值得庆幸的是，由于很早就被欧美企业严密围堵和封锁，华为长期以来"被迫"坐冷板凳，多年来主要依靠自主创新研发。面对他国的全面封锁，华为屹立不倒，越战越勇，2021 年实现全球销售收入6368 亿元，净利润 1137 亿元，研发投入达到 1427 亿元，占全年收入的 22.4%。

华为的遭遇不是个例。全球地缘政治形势深刻复杂变化下，走出国门的中国企业面临的非商业领域风险大幅增加。

对这个现象进行提炼，或许可以对"三方框架"进行适当修正：

---

1. 参见 2021 年 9 月 29 日外交部发言人华春莹主持例行记者招待会。会上《北京日报》记者就该情况进行提问，华春莹回答并进行评论。

在新形势下，中国企业对外投资，需要妥善处理"3+1"的关系框架，即在传统"三方关系"框架的基础上，必须加上"主要大国"——这个影响越来越大的"1"。换言之，当企业做到顶尖时，其可持续发展就不完全由商业模式决定。国家之间的竞争和政府的监管政策，对企业发展前景的影响只会越来越大。这也是新时代推动高水平对外投资时必须格外关注的情况。

小　结

对外投资有助于获取资源、开拓市场、引进技术、提高收益和优化规则，是中国本土跨国企业崛起的必由之路。改革开放 40 多年来，随着企业实力不断增长，中国企业对外投资遵循市场经济发展规律，规模持续快速增长，经历了四个发展阶段，基本符合跨境投资发展周期的客观规律。以国家电网为代表的中国国有企业和以华为为代表的中国骨干民营企业的群体性崛起，成为近 30 年全球跨国公司发展最鲜明的特点。但是，多数中国企业的国际化运营相比欧美跨国公司仍有较大差距，这严重制约了中国企业全球化水平的提升。同时，美国等国家对中国本土跨国企业的制裁打压，使中国企业对外投资活动利益相关方结构发生变化，主要大国介入日益成为中国企业全球化发展面临的重大挑战。这也是每一个具有战略思维的企业家都必须深刻洞察的问题。

思　考

1. 中国企业开展对外投资活动的主要动机有哪些?

2. 中国企业对外投资发展经历了几个阶段,各个阶段的主要特征是什么?

3. 中国本土跨国公司的崛起有什么特征?

4. 华为的全球化对其他中国企业有哪些启示?

7.

助力高水平对外投资

凡是过往，皆为序章。

2018 年以来，我一直为有关部门组织的援外培训班授课，课程主题是中国的发展战略与对外开放。上课时，我明显感觉到，来自亚洲、非洲和拉丁美洲广大发展中国家的学员们，对中国改革开放 40 多年的经济增长奇迹充满好奇，对借鉴中国经验发展本国经济充满渴望。课间交流中，我了解到，绝大多数学员都知道中国企业在当地投资的若干投资项目。

从这个角度看，中国企业的对外投资项目已经成为中国的海外名片，塑造了绝大多数发展中国家对中国的第一印象。如今，中国企业对外投资已经走到一个新的起点。推动高水平对外投资，既是提升国际循环的质量和水平、更好服务新发展格局的必然选择，也是塑造中国海外形象、维护大国战略利益的客观要求。尤其随着中国企业对外投资面临的外部环境日趋复杂，亟须各方给予更多的关注和支持，形成更多的支持和资源投放。

— 国内政策的演进 —

我在国内互联网上检索跨境投资服务机构时，曾看到一家咨询机构的业务软文广告，其中对"中国境内企业做对外直接投资（ODI）备案好处"进行的说明（见图7-1），很有意思。

开展境外企业做对外直接投资（ODI）备案好处

（1）作为国家颁发给企业到境外投资的通行证，受国家、国际法律保护。

（2）以合法的方式完成境内资金出境或实现境内资金不出境，境外获取外币的目的。

（3）合规开拓境外市场，获得当地政策或税务优惠，加快资本积累速度。

（4）方便与境外客户的业务转账，减少转账手续成本。

（5）提高国内企业形象，增加企业附加价值。

（6）充分吸收国外的先进技术和管理经验以及及时掌握外部信息。

（7）有效利用国内外资源市场的整合，规避国外贸易壁垒。

（8）统筹境内外企业发展，优化资源配置。

（9）后续境外资金返程回国投资可以享受省级各财政部门给予的相应资金补贴。

图 7-1　互联网上某机构的"境外投资备案服务"广告

细品下来，这九条描述基本概括了企业主体在对外投资中关心的实际问题，也体现了市场对于国内对外投资备案政策的解读。尽管其中若干规避政策限制、利用政策优惠的说法，有表述不当之嫌，但这在一定程度上代表着市场真实的想法和期待，蕴含着对外投资发展的某些规律性特征。

从严格审批到核准制

在市场经济体系中，政府与市场的关系是各自独立，但又相互影响。政府的政策制定，需要根据市场形势变化不断调整思路，实现政府引导和市场主导之间的动态平衡。在各种情境下，只有深刻理解企业行为动机，实施恰当的政策引导，真正实现政府经济治理的预期目标。我国的对外投资管理体制和配套政策的演变，就体现了政府对市场主体对外投资行为指导性思路的不断变化，是适应形势变化的结果。

改革开放初期至 20 世纪 90 年代初，伴随着整个国家经济从完全封闭的计划经济开始向开放型经济转型，中国对外投资以特定事项批准的方式开局。当时国内外汇资金短缺严重，企业缺乏国际经营经验，开展对外贸易和吸收外资是对外经济工作的重点，对外投资受关注相对较少。1983 年，对外经济贸易部成立，并在随后几年制定了若干对外投资和在国外开办企业的制度办法。

进入 20 世纪 90 年代后，我国对外投资管理开始更多地进入国家总体战略谋划的视野。1992 年，党的十四大报告中明确指出，要"积极扩大我国企业的对外投资和跨国经营"，成为"走出去"战略思想的萌芽。1997 年，党的十五大报告提出，要更好地利用国内国际两个市场、两种资源，积极参与区域经济合作和全球多边贸易体系，鼓励能够发挥我国比较优势的对外投资。

随着国家经济实力的不断增强和外汇储备的快速增长，为了适应经济全球化形势的变化，对外投资政策的导向也开始发生变化，逐渐从"限制"走向"支持"。1999 年，国务院办公厅转发《关于鼓励企业开展境外带料加工装配业务意见》，支持中国企业以境外加工贸易的方式"走出去"[1]。为了应对国际金融危机影响，该文件鼓励国内轻工、纺织、家用电器等机械电子以及服装加工行业企业走出国门，到非洲、中亚、东欧、南美等地投资办厂，开展带料加工装配业务，以千方百计扩大出口。这实际上是国内公开出台的第一个专门支持企业对外投资的政策文件。

进入 21 世纪以后，国家层面"走出去"战略正式提出并不断深化，从顶层设计上有力地支持了中国企业走出去。2000 年 1 月，中共中央政治局会议首次把"走出去"上升到"关系我国发展全局和前途的重大战略之举"的高度，提出"走出去"和"引进来"，是对外开放基本国策两个相辅相成的方面，二者缺一不可。同年 3 月，全国人大九届

---

1. 国务院办公厅 . 国务院办公厅转发外经贸部、国家经贸委、财政部关于鼓励企业开展境外带料加工装配业务意见的通知：国办发〔1999〕17 号〔A/OL〕.（1999-02-14）〔2022-09-30〕.

三次会议把"走出去"战略提到国家战略层面 [1]。

2002 年，党的十六大报告明确提出，实施"走出去"战略是对外开放新阶段的重大举措。此后，党的十七大和十八大报告中，也有对"走出去"的专门表述。2018 年，党的十九大报告强调，要坚持"引进来"和"走出去"并重，创新对外投资方式，促进国际产能合作，形成面向全球的贸易、投融资、生产、服务网络，加快培育国际经济合作和竞争新优势。这些论述，为"走出去"战略的实施提供了方向指引和根本遵循。

2002 年 12 月，对外贸易经济合作部、国家统计局共同制定了《对外直接投资统计制度》，正式建立全国对外直接投资统计机制。[2] 从 2003 年起，商务部开始每年编制并发布对外直接投资统计公报。这些专门机制的建立，加强了对企业开展境外投资活动的宏观动态监管，有利于政府管理部门更好地掌握情况、制定政策和指导工作，并为建立我国资本项目预警机制提供了依据。

2004 年 7 月，国务院发布《关于投资体制改革的决定》，标志着中国开始正式实施以核准制为主的对外投资管理体制。[3] 该文件明确规定，中方投资 3000 万美元及以上资源开发类境外投资项目和中方投资用汇额 1000 万美元及以上的非资源类境外投资项目，由国家发展和改革委

1. 江小涓. 新中国对外开放 70 年［M］. 北京：人民出版社，2019.
2. 该统计制度在实施两年后，又进行修订并重新发布，即为现行的《对外直接投资统计制度》（商合发［2004］645 号）。
3. 国家发展和改革委员会. 中国对外投资报告［M］. 北京：人民出版社，2017.

员会核准。[1] 同年 10 月，国家发展和改革委员会发布《境外投资项目核准暂行管理办法》（国家发展和改革委员会令第 21 号，简称"21 号令"）[2]。自此，发展和改革委员会负责核准境外投资项目，商务部负责核准对外设立企业，中国企业对外投资管理进入新阶段。

2008 年 8 月，国务院发布《中华人民共和国外汇管理条例》，由强制结售汇转为实行自愿结售汇的外汇管理新体制。条例对外汇流入流出实施均衡规范管理，取消了外汇收入强制调回境内的要求，强调对跨境资金流动的监测，赋予了企业自主决定在境内外留存外汇收入的权利。[3] 外汇管理制度的变化，为金融危机后中国企业对外投资的爆发式增长埋下了伏笔。

---

1. 国务院 . 国务院关于投资体制改革的决定：国发〔2004〕20 号〔A/OL〕.（2004-07-16）〔2022-10-02〕.

2. 此后，国家发展和改革委员会在 2009 年和 2011 年先后出台相关文件，对"21 号令"的内容进行了补充修订。2009 年 6 月 8 日，国家发展和改革委员会发布《关于完善境外投资项目管理有关问题的通知》（发改外资〔2009〕1479 号），具体细化了小路条制度，开始将"确认函"明确为有关企业向国家发展改革委报送项目申请报告的必备附件。2011 年 2 月 14 日，国家发展和改革委员会发布《关于做好境外投资项目下放核准权限工作的通知》（发改外资〔2011〕235 号），将一部分国家发展和改革委员会的核准权限下放至省级发改部门，并扩大了项目备案管理的范围、缩小了应进行信息报告的项目范围，开始确立了特殊项目的核准制度。

3. 参见中华人民共和国外汇管理条例（中华人民共和国国务院令第 532 号），根据 1997 年 1 月 14 日《国务院关于修改〈中华人民共和国外汇管理条例〉的决定》修订，2008 年 8 月 1 日国务院第 20 次常务会议修订通过，2008 年 8 月 5 日公布施行。

备案制的建立与完善

党的十八大以后，通过加强整体谋划和顶层设计，建立国家层面的统筹协调机制，我国对外投资体制改革持续深化。尤其多个专项规划和政策的相继出台，推动企业对外投资加速发展。

2014年，国家发展和改革委员会正式发布了《境外投资项目核准和备案管理办法》（简称"9号令"），同时废止"21号令"。[1] 同年，商务部也发布《境外投资管理办法》[2]。这些标志着对外投资管理从"核准为主"向"备案为主，核准为辅"转变，相关审核手续大幅简化，同时实现部分权限从中央向地方下放。

2017年年底，国家发展和改革委员会正式发布《企业境外投资管理办法》（简称"11号令"），进一步缩小核准项目范围，简化审批程序[3]，这在一定程度上提高了境外投资交易在主管部门获得核准或完成备案的可预见性，降低了交易成本。值得注意的是，"11号令"在确保国家利益和国家安全不受损害和威胁的前提下，取消了对投资主体的投资实力等相关审查，赋予投资主体对境外投资自主权，实现自主决策、

---

1. 国家发展和改革委员会.境外投资项目核准和备案管理办法：中华人民共和国国家发展和改革委员会令第9号［A/OL］.（2014-04-10）［2022-10-02］.

2. 商务部.境外投资管理办法：商务部令2014年第3号［A/OL］.（2014-09-06）［2022-10-02］.

3. 国家发展和改革委员会.企业境外投资管理办法：中华人民共和国国家发展和改革委员会令第11号［A/OL］.（2017-12-26）［2022-10-02］.

自担风险，体现了政府监管思路的重大转变。

此后，为应对国际形势复杂变化，国家发展和改革委员会等部门先后出台了《关于进一步引导和规范境外投资方向的指导意见》《关于引导对外投融资基金健康发展的若干意见》《民营企业境外投资经营行为规范》等系列文件，对企业境外投资方向、合规经营等进行宏观指导。这些政策主要通过提高政策透明度和稳定性，引导境内投资主体预期，优化对外投资结构。

推动企业加强合规建设成为政策关注重点。2018年，国资委出台《中央企业合规管理指引（试行）》，要求中央企业加快建立健全合规管理体系，加强重点领域、重点环节、重点人员的合规管理，强化违规问责，培育合规文化。同年，多部委共同印发了《企业境外经营合规管理指引》，聚焦合规管理要求、架构、制度等七方面，指导企业建立境外经营合规管理体系，回答了企业境外经营需要"合哪些规""怎么合规"等问题。境外投资项目管理体制简政放权历程（见表7-1）。

表 7-1　境外投资项目管理体制简政放权历程

时间	方式	管理权限
2004 年以前	审批制	中方投资额在 100 万美元以上项目需报国家发展和改革委员会审批
2004 年 7 月	核准制	1000 万美元以上的非资源开发类项目、3000 万美元以上资源开发类项目由国家发展和改革委员会核准或报国务院核准

（续）

时间	方式	管理权限
2011 年 2 月	核准制	1 亿美元以上的非资源开发类项目、3 亿美元以上资源开发类项目由国家发展和改革委员会核准或报国务院核准
2014 年 4 月	备案 + 核准	10 亿美元以上项目和敏感类项目由国家发展和改革委员会核准或报国务院核准，其他项目实行备案制
2014 年 12 月	备案 + 核准	结合"负面清单"方式，明确限制类、禁止类对外投资行业领域和方向；除敏感类项目需国家发展和改革委员会核准外，其他项目一律实行备案制
2018 年 3 月	备案 + 核准	取消信息报告制度，取消地方初审、转报环节，放宽投资主体履行核准、备案手续的最晚时间

资料来源：国家发展和改革委员会.中国对外投资报告［M］.北京：人民出版社，2017.并结合相关最新情况进行了调整

　　在这个时期，境外投资相关信息的发布进一步规范化。除了商务部、国家发展和改革委员会、中国出口信用保险公司、中国社会科学院等政府部门、金融机构和智库等，也开始发布对外投资相关年度报告，如《对外投资合作国别（地区）指南》《中国对外投资合作发展报告》《国别投资经营便利化状况报告》等。

　　纵观整个过程，随着中国对外投资企业实力不断增强，影响力不断增大，中国对外投资监管思路也在不断变化，从最初的严格审批限制，到中间小范围放开，到全方位大力支持，再到分类引导和规范支持等。有关政策工作重点也从过去的支持规模化增长，调整为强调理

顺机制、提质增效等。

— 国际规则与标准 —

所谓国际规则，从本质看，就是有实力的国家主导建立、用于实现其特定意图的国际体系运行规范。第二次世界大战后至今，现有的国际规则体系基本上都由西方大国主导制定。20世纪70年代以来，发展中国家的崛起，结合信息技术进步和国际组织发展，共同推动着全球经济规则变化，探索建设国际经济新秩序。[1]

改革开放以来，中国通过不断扩大开放，主动学习和融入发达国家主导的国际规则体系，同时稳步推动国内体制改革，逐渐找到了符合自身利益和特点的发展路径。在这个过程中，随着中国经济实力不断增长，对国际规则体系的影响也持续增大。

2010年，中国GDP超过日本成为世界第二大经济体，此后至今与美国的经济体量差距不断缩小。到2021年，中国GDP占全球经济的比重超过18%，并达到美国GDP的77%。如此庞大的经济体量和持续提升的综合国力，产生的直接结果是，中国的经济行为影响力和全球经济权益持续扩大，同时外部世界期待中国承担的全球性责任和地区性担当也不断提高。这也是中国进入发展新时代后，面临的外部环境

---

1. 奥布莱恩，威廉姆斯.国际政治经济学（第4版）[M].张发林，译.北京：中国人民大学出版社，2016.

重大变化之一。

在这种情况下，中国主动作为，把握全球发展趋势，加强对国际规则的研究，积极参与国际规则调整和最新标准制定，既是国内经济进入高质量发展新阶段的必然要求，也是促进全球共同发展、共创美好世界的客观要求。

国际标准新挑战

参与国际规则制定，不仅对国家来说至关重要，对企业来说更是利益攸关。对中国企业来说，唯有主动参与国际规则和标准制定，才能更好地保护企业的合法权益，否则极易陷入举步维艰、进退两难的困局。当前，中国基建工程企业在海外遭遇的技术标准难题，就是一个典型的例子。

所谓标准，就是特定行业或领域的通行规则。行业标准制定权，历来是行业龙头企业最核心的竞争力。首先强调对接国际标准，是大多数中国企业过去一贯的工作思路。但是，随着中国企业实力不断增强，中国企业在有些技术领域实际上已经居于全球领先地位。这时，如果中国企业不能与时俱进，提高标准话语权，而仍旧遵循原来发达国家企业制定的老标准，那么在商业利益上必然遭受巨大的损失。

近年来，中国积极推动与东南亚国家在公路、铁路、电力、建材等领域的国际产能合作，一大批中国企业参与了相关国家的基础设施建设。由于东南亚地区过去较长时间都是本国工程建设标准和国际标准共存，并且主要采用欧标、美标等国际工程建设标准。尽管中国企业拥有最先进的技术，但中国标准与国际工程标准的差异，频频成为合作深化的关键掣肘因素。

在实践中，由于东南亚国家政府对特定项目采用的标准体系和版本无强制要求，商谈采用什么标准，往往是中国企业在该地区开展基础设施建设项目的第一道关卡。以铁路为例，越南和泰国的国内铁路主要是"米轨"，轨距很窄，仅 1 米，而中国铁路采用的都是国际标准轨，轨距 1.435 米。中泰铁路多轮谈判的一个重点，就在于是否采用国际标准轨距。2021 年年底通车的中老铁路，也是在中国的大力推动下，才最终采用的国际标准轨距。

在项目实施过程中，标准的影响更是无处不在。中国企业海外经营时间尚短，国外许多地方对中国技术和中国标准尚未建立整体认可，这无形中给企业增加了许多成本。中国企业承建的越南河内"吉灵—河东"轻轨项目，采用的是最先进的中国技术和中国标准。但越方却聘请法国公司进行安全验收评估，导致中方需要对相关规则标准进行反复论证和解释，极大地增加了验收评估阶段的工作量。该项目在完全建成后，到正式通车运营，居然用了 4 年时间。这样的情况，在中国企业海外项目中经常发生，产生的成本都只能由相关企业自己承担。

总之，随着中国企业能力的提升，其海外活动面临的规则标准掣肘正在变得越来越明显，尤其在基础设施等中国企业具有较强硬实力的领域，加快转变过去的跟随思路，主动参与相关规则标准制定，提升在规则软实力上的话语权，已经是箭在弦上，不得不发。中国企业应该通过参与规则和标准制定，获得与能力相匹配的话语权，这是市场规律使然。

必须指出，中国政府在参与国际规则制定上还有一个独特优势——国家信誉。纵观当今世界各国，"言必信，行必果"的政府信誉，已经成了全球稀缺资源。这恰恰是中国的优势。多年以来，中国与东南亚、中东欧、非洲等地区国家开展的务实合作，都已经证明国家之间不论人口规模大小、经济实力强弱，可以紧密合作，相互配合，共同构建相互包容和开放的合作架构。

此外，强调义利并举，兼顾好道义情谊和商业原则、经济效益和社会效益、彼此平等相待、真诚守信，不附加额外的政治条件等，历来是中国参与国际合作的原则，也是源于中华文化的独特理念优势。中国古语有云："以利相交，利尽则散；以势相交，势去则倾；以权相交，权失则弃；以心相交，淡泊明志，友不失矣；以道相交，地老而天荒。"这些源于五千年文明传承的理念原则，正在成为新时代中国企业参与全球规则制定的基本出发点。

主动塑造新兴领域规则

在第四次工业革命背景下，各种新技术新业态不断涌现，中国企业与欧美企业站在了同一起跑线，有机会在新兴领域共同创造新的规则。例如，在数字规则构建方面，由于5G、大数据、人工智能等新兴技术的迅猛发展，国际数字治理规则的发展严重滞后于企业实践，出现了明显的规则空白和漏洞。因此，加快构建和完善新兴领域议题规则，是推动全球数字经济稳定和可持续发展的客观要求，也是中国企业面临的重要机会。

面对数字经济浪潮，机会虽然存在，但要把握住并不容易，中国面临的竞争异常激烈。率先抢占规则制高点，是欧美发达国家机构和企业一直关注的焦点。例如，在绿色低碳领域，欧盟一直积极作为，通过发布"欧洲绿色新政"，公布一揽子实施法案等，在规则层面引领全球潮流。再如，尽管欧洲数字企业发展大幅落后于美国和中国，但规则制定的优势依然明显。欧盟大力推动的各类数字立法，对争夺数字领域话语权起到重要作用。

2020 年以来，欧盟内部不断出台各种数字领域立法提案，包括《欧盟通用数据保护条例》《人工智能法》《数字市场法案》和《数字服务法案》等，对全球数字经济立法形成较强的示范和带动。法国 2019 年率先推出"数字税"新机制，对跨国数字巨头企业在法国的业务收税，更是得到了众多其他国家的积极跟进和效仿。美国出于维护本国互联网公司利益的考虑，一直明确反对征收数字服务税，但近两年也开始与欧洲国家协商新的解决方案，试图重塑全球数字税收规则。

近年来，中国在参与国际规则和技术标准制定方面，也正在走出一条新路。根据国际标准化组织（ISO）的数据，在 2000 年前，中国制定的国际标准数量仅为 13 项；2001—2015 年，随着经济社会加速发展，中国制定的国际标准达到 182 项；2015—2020 年，随着中国经济实力稳步提升，中国主持的国际标准数量超过800项[1]。尤其在数字经济领域，随着阿里巴巴等龙头企业的实力稳步提升，中国在国际行业标准制定方面的话语权也大幅提升。

不过，相比欧美发达国家，中国在参与国际规则和标准制定上起步较晚，存在的问题也很明显。最典型的，在发达国家，许多行业规则和标准都是由独立的第三方机构在积极推动，政府和企业是机构背后的推手，不直接参与规则标准制定。经过长期的磨合，这些行业标准制定组织与政府、企业之间达成高度的协同默契，共同掌控着行业规则制定的话语权。发达的行业组织业态，极大地提升了美国企业对国际行业标准制定的影响力，也是美国全球竞争力的重要支撑。

当前阶段，参与标准和规则制定的专业主体不足，已经成为阻碍国内产业全球竞争力提升的突出问题。在经济高速增长的阶段，内生性的行业规范性组织发展不足，主要是因为观念意识落后和行业内资源投入不足。随着中国经济进入高质量增长新阶段，如何培育具有较高专业水平的第三方行业机构，形成一种多方协同合作的行业规则制定模式或交流机制，既是国内各重点行业实现自身可持续发展的内在需要，也是培育和提升新时代中国企业参与国际竞争新优势的迫切要求。

---

1. 中新社.制定数字技术的国际标准，中国产学研正"组团出海"[EB/OL].（2022-05-07）[2022-10-02].

— 国际参考的启示 —

如果想为中国对外投资发展寻找国际参考系，会发现可选择的空间其实很小。由于中国自身经济体量巨大，境外投资的 GDP 占比尽管相对较低，但绝对规模却已经跻身世界前列。2020 年，中国对外直接投资存量规模达 2.58 万亿美元，仅次于美国、荷兰，已经超过英国、日本、德国等传统全球投资大国，居世界第三位[1]。在这些国家中，美国、荷兰、英国、德国又都是历史上的殖民大国，其对外投资活动是建立在数百年的全球殖民活动遗产基础上，与中国的情况差别很大。相对来说，日本对外投资发展与中国具有较高的相似性，具有一定的启示价值。

换个角度看，今天中国企业开展对外直接投资，主要竞争对手就是来自美国、日本等发达国家的跨国企业。在这些发达国家跨国企业的背后，都或多或少闪现着相关国家及其对外投资服务机构的身影。了解主要竞争对手及其背后国家支持体系的运作机制，是新时代更好助力高水平对外投资发展的必然要求。

---

1. 商务部 . 2020 年度中国对外直接投资统计公报［M］. 北京: 中国商务出版社，2021.

"海外日本"成长史

日本真正意义上的对外投资始于 20 世纪五六十年代。总体来看，第二次世界大战后的日本对外投资经历了五个发展阶段（见图 7-2）。

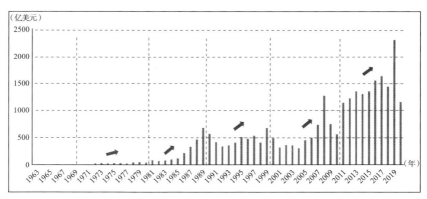

图 7-2　日本对外投资规模变化的总体情况（1963—2020 年）

资料来源：基于公开资料整理

第一阶段（20 世纪 50—60 年代）：第二次世界大战结束时，日本几乎丧失全部对外直接投资。随着战后经济恢复，日本在 20 世纪 60 年代初期开始向东南亚、拉丁美洲等技术落后、劳动力成本低的国家出口产品。但是，到 20 世纪 60 年代后期，这些国家为了发展本国产业、解决外汇不足等问题，纷纷采取进口替代政策，提升进口关税。为了维护现有产品出口市场，日本企业开始在当地建立组装工厂，将"最后一道生产工序转移到当地生产"。在这个起步阶段，日本对外投资规模很小。1951—1970 年，日本累计对外投资规模仅为 36 亿美元，其中 1951—1960 年仅为 2.83 亿美元。

第二阶段（1970—1980 年）： 1971 年，美国总统尼克松宣布美元黄金脱钩，布雷顿森林体系开始瓦解，日元兑美元执行变动汇率之后快速升值。同时，随着日本对美欧等发达国家的贸易顺差扩大，日本对外贸易摩擦加剧，开始自主限制纤维、钢铁、彩电、工程机械等产品出口。1973—1974 年的石油危机后，日本经济从之前的高速增长开始转入低速增长时期，国内产业结构调整问题突出，国内产能和资本过剩问题更加严重，同时海外市场和资源供应问题也更加尖锐，对外出口面临巨大挑战。在此背景下，日本政府和企业试图通过对外直接投资和对外援助维持扩大海外市场，推销国内过剩产品和设备，转移国内过剩资本，开发利用海外资源。1973 年，日本对外直接投资额近 35 亿美元，创历史新高。1979 年，日本对外直接投资规模最高达到50 亿美元。

第三阶段（1981—1989 年）： 进入 20 世纪 80 年代后，日本对美国出口产品激增，日美贸易摩擦进一步激化。日本企业对外出口面临巨大困境，许多企业加快实施全球化投资战略，对外直接投资急速扩大。1984 年，日本对外直接投资首次突破 100 亿美元大关。美国希望通过美元贬值增加产品竞争力，改善自身国际收支不平衡状况。1985 年，美国、日本、德国、法国、英国等五国签署"广场协议"，美元大幅贬值。此后三年内，日元兑美元升值了一倍。日本对外直接投资规模急速跃升，1986 年总额达到 223 亿美元，1989 年达到 675 亿美元，一举成为当年全球最大的对外直接投资国。[1]

第四阶段（1990—2010 年）： 整个 20 世纪 90 年代，由于资本市场和房地产泡沫的破灭，日本经济骤然减速并长期停滞，被经济学家们称为"失去的十年"。由于国内失业率居高不下，老龄化问题突出，加之东南亚金融危机爆发，许多日本企业发展面临困境，对外直接投资受到较大影响，长期在较低位徘徊。1999 年，日本对外直接投资短暂恢复到 675 亿美元的历史高位，但全球排名已经滑落至十名之外。进入 21 世纪后，受国内经济衰退影响，对外投资总体延续下滑趋势。直到 2004 年，美国经济好转，中国经济发展势头迅猛，带动全球经济复苏，日本经济终于好转，带动 2005 年对外投资额恢复增长，此后对外投资步伐加快，到 2008 年达到 1308 亿美元，首次超过千亿美元，创历史最高水平。

第五阶段（2011 年至今）： 随着各类社会问题加剧，日本国内市场狭小、内需弱化的局限凸显，加之国内投资成本高、自然灾害影响巨大等因素，特别是 2011 年东京大地震后日本产业链、供应链断裂，企业面临"六重苦"，迫使日本加快推进产业结构调整和海外生产布局，拓展海外生存空间。2011 年，日本对外投资规模迅速恢复到千亿美元以上，此后总体保持小幅稳步增长态势。2018 年，日本对外投资为 1430 亿美元，规模居全球第一位。2019 年，日本对外投资规模大幅

1. 马文秀，王立军 . 日本对外直接投资与国内产业升级研究 [M] . 北京：人民出版社，2018.

增长到 2328 亿美元，再次居全球第一位。2020 年，受新冠肺炎疫情的影响，日本对外投资规模同比下降约一半，为 1157 亿美元，仅次于中国和卢森堡，居世界第三位。

总结起来，日本的对外投资发展是其国内经济的延伸——每当国内经济结构面临重大调整，日本就会出现一次对外直接投资浪潮。日本对外直接投资的产业经历了"资源开发型产业—制造业—服务业"交叠演进的过程，同期日本国内产业结构也相应升级，从最初的以劳动密集型产业为主，逐渐发展为以资本密集型产业为主，再到以知识和技术密集型产业为主，日本逐渐实现了国内经济结构和主导产业的调整升级。在此过程中，日本对外直接投资的收益水平不断提升。日本企业每年海外汇回的投资收益稳定在 20 万亿日元左右，约占日本GDP 的 4%[1]。海外子公司收益的持续回流，对日本国内经济社会发展起到了重要的反哺作用。

日本对外投资促进体系

在日本对外投资的成功经验中，日本特色的对外投资服务促进体系建设厥功至伟，对当前中国下一步如何推动高水平对外投资，具有很强的借鉴意义。

---

1. 刘瑞 . 日本的海外金融资产 : 现状、特点、影响及启示 [J]. 日本学刊 ,2019(05):116-146.

在海外投资的早期阶段，为避免企业在海外盲目发展，日本在为海外投资提供一定政策和金融支持的同时，都通过立法进行资本和外汇管制，确保投资项目符合国家利益。后来，随着本国企业国际竞争力的提升和国际化水平的提高，日本逐渐放松对海外投资的审批，转而更加强调事后监管，将事前审批改为事后报告制度。根据《外汇及外国贸易法》的规定，当海外投资对"给日本经济的运营造成恶劣影响""损害国际和平和公共秩序"的情况发生时，必须事先向主管大臣提交审核，有事前申报义务。[1] 如果违背相关法律，投资者将视情节轻重被罚款甚至处以有期徒刑。

经过长期摸索，日本逐渐建立政府与跨国企业、中介组织的长期协作机制。为大力支持本国企业开拓海外投资市场，日本成立了庞大的海外投资促进服务机构，为企业提供全方位服务，并将监管要求通过服务条款传递给海外企业。政府不直接干预企业行为，而是依据法律制定规划，并整合驻外使领馆、行业组织和半官方机构等，通过审议会、各类正式或非正式研究会、恳谈会等形式，建立与产业界的沟通机制。

随着日本对外投资规模不断增长，为了加强对国际市场信息的采集，提高对日本企业海外贸易投资服务的能力，日本政府逐步建立了

---

1. 李钢 . 国际对外投资政策与实践 [M] . 北京：中国对外经济贸易出版社，2003.

由日本国际协力机构[1]（Japan International Cooperation Agency，JICA）、日本贸易振兴机构[2]（Japan External Trade Organization，JETRO）、日本国际协力银行[3]（Japan Bank for International Cooperation，JBIC）及日本贸易保险[4]（Nippon Export and Investment Insurance，NEXI）构成的"四位一体"的海外投资促进体系。

这些由日本政府赋能支持的服务机构，通过提供咨询和开展中介服务，为海外日企提供综合协调、信息收集、融资支持、信贷保险等服务，同时也对企业行为进行监管。例如 JICA 规定，企业如有违法行为，不但将被终止继续竞标其他项目的资格，而且征收合同金额的 10% 作为违约金；若该企业曾向外国公务员行贿，则追加征收合同金额的 20% 作为违约金。

最重要的是，日本通过立法，明确了驻外使领馆、海外商会与半官方机构之间开展协作的要求。例如，日本外务省明确规定，驻外使馆必须与海外投资促进机构保持密切联系、相互扶持，定期进行信息交流，为企业提供翔实的政治经济情报。日本企业海外商会长期配合

1. 日本国际协力机构成立于 2003 年，是直属日本外务省的政府机构，以培养人才、无偿协助发展中国家开发经济及提高社会福利为目的实施国际合作。
2. 日本贸易振兴机构前身是成立于 1958 年的日本贸易振兴会，其工作重心紧扣时代脉搏变化，由战后为获得外汇振兴出口，到持续扩大外汇盈余，到促进进口缓解贸易摩擦，再到现在开展针对发展中国家的经济合作与研究。
3. 日本国际协力银行成立于 1999 年，是日本实施政府开发援助的主要执行机构，属于政策性银行，全额负责政府开发援助中有偿资金（日元贷款）。
4. 日本贸易保险成立于 2001 年，是受日本经济贸易和工业部管辖的独立行政法人，提供贸易和投资保险服务，以促进和提高日本企业的国际业务。

驻外使领馆和 JETRO，为中小企业国际化提供包括法律、劳务、知识产权等各方面的信息支持。

对外投资服务不足问题

当前，中国对外投资经过 30 多年发展，恰好处于对外投资规模已经达到一定量级，但管理服务体系发展相对滞后的阶段。这种服务体系的落后，已经在一定程度上成为对外投资高质量发展的制约性因素。这种综合服务不足的问题具体表现如下。

第一，服务企业走出去的境内外公共资源提供不足。例如，国内不同境外投资管理部门、服务机构之间缺乏有效的信息交流或共享的机制，境外国别或项目信息分散，尚未建立权威的境外信息服务和风险警示平台。现有驻外机构普遍规模较小，常年派驻国外人员较少，专门负责服务企业走出去的人员更少，难以满足与相关国家经贸投资往来快速增长的需要，对企业境外服务能力有限。

第二，境外项目融资难问题始终存在。大多数企业境外项目融资是通过"内保外贷"，即依靠国内母公司用国内资产和信用进行抵押贷款，由国内金融机构提供境外贷款，缺乏其他创新性融资手段或融资渠道。而本土金融机构海外布局尚处于起步阶段，存在银行融资成本高、股权基金门槛高、离岸金融服务少等问题，无法满足中国企业境外业务快速发展的需要。

第三，本土专业服务机构跨境发展滞后。目前多数境外投资企业主要依靠欧美国际咨询公司、法律或会计事务所，提供境外项目相关专业服务。国内的相关专业服务机构海外分支偏少，为中资企业境外投资和跨国经营提供咨询、会计、法律等能力较为薄弱，外交、商事、信息等境外服务供给有限，无法满足企业海外投资过程中的法律、税务咨询等需求。

第四，境外风险防范与安全保护体系亟须建立。当前国际地缘政治变化对经济活动的影响增大，各种各样的"黑天鹅"事件频发，中国企业境外投资项目面对的东道国各类风险大幅提高，在海外安保、国际仲裁等方面需求激增。但多数企业都没有建立海外风险预警和应对机制，遇到突发风险常常缺乏有效处置方案，风险防控和应对能力都有待加强。在这种情况下，加强对中国企业对外投资的服务支持很有必要，且迫在眉睫。

—— "三位一体"服务体系 ——

在新形势下，中国已经开启全面建设社会主义现代化国家的新征程，对企业对外投资管理和服务也需要与时俱进，动态发展。其中，优化构建对外投资综合服务体系，是重要的着力点。若对照日本对外投资发展轨迹和规律，可以发现，当前中国正好处于加快构建和完善对外投资综合服务体系的关键阶段。

结合个人观察和体会，本书提出构建政府、专业机构和其他机构"三位一体"的中国特色对外投资服务支持体系。这个体系包含政府机构的宏观指导、专业服务性机构的服务支撑和其他各类机构的服务促进"三大支柱"，可以通过不断完善政策安排，优化机构设置，提升服务能力，形成内外统筹、协调联动的对外投资服务体系，实现既支持企业提升国际竞争力，持续拓展海外发展新空间，又持续优化国家对外投资布局，增强对国内经济的反哺和促进作用。

支柱一：政府机构的宏观指导

政府的管理部门要坚持全局把握、分类施策的总原则，积极主动转变思维和思考方式，不断优化境外投资管理的模式方法；制定相关政策时，要从国内国际发展全局出发，坚持问题导向与战略导向相结合，将中国特色大国外交的需要和国内产业经济拓展海外空间的需求相结合，统筹国际国内两个市场、两种资源，推动"引进来"和"走出去"协调联动发展。具体措施如下。

第一，持续优化境外投资管理体制。加快《海外投资法》等相关立法研究，依法规范企业海外投资行为。要不断优化和完善境外投资管理制度，积极引入大数据等技术手段，提高备案服务便利化水平。要充分调动地方政府力量，支持重点区域率先探索优化境外投资服务的新路径。要推动对境外企业和项目的分类管理，推动从事前监管向事中事后监管转变。研究制定重点支持的海外投资领域的所得税优惠制度，如税收减免、税收抵免和税收延付等。

第二，加强驻外使领馆海外投资服务能力。重点增强政府交涉、信息咨询等相关职能，增派更多经济参赞等专司经济事务的工作人员，提高使领馆服务海外中资企业的能力。要以总体国家安全观为指导，完善对中国企业和中国公民的海外利益保护体系，探索建立相关风险防控及协同应对机制。积极推动与合作国家、国际组织签署双多边投资协定和避免双重征税协定。

支柱二：专业服务机构的服务支撑

跨国专业服务机构是企业境外投资的重要参谋助手。强大的跨国专业性服务机构，历来是美欧跨国企业实现全球化发展的重要支持力量。如何更好地支持各类本土专业性服务机构全球化发展，增强本土机构对中国跨国企业的境外投资服务能力，是下一步推动高水平对外投资的必然要求。具体措施如下。

第一，把握人民币国际化加速发展的历史性机遇，支持国内银行、保险、券商、基金等各类金融机构加大涉外业务投入，提升国际业务竞争力。探索加快金融机构海外部门体制机制改革、创新业务模式、优化绩效考核等，加快建立国际化人才队伍，提高在东道国的业务拓展水平。试点支持设立地方层面的商业性境外融资担保机构或基金，支持开展特定类型的融资担保业务，提高对境外投资企业的融资服务能力。

第二，提升国内咨询、法律、会计、安保等专业性机构的国际化发展水平，支持相关机构跟随中国企业走出国门，增强境外综合服务能力。鼓励国内专业性服务机构发挥专业优势，加强与各类涉外商协会组织等半官方机构的战略协作，推动相关管理体制改革，加大人才培养力度，共同提升对企业跨境经营的综合服务能力。

支柱三：其他各类机构的服务促进

深入研究和借鉴美国、日本等国家商协会等各类机构培育和发展的经验，探索优化国内各种类型涉外机构的功能，鼓励开展体制机制创新，实现寓监管于服务，优化构建中国企业境外投资的服务促进体系。具体措施如下。

第一，进一步挖潜国内现有职能部委事业单位、商协会组织等作用。适应对外经济合作发展新形势，支持现有国家部委事业单位改组或设立更多服务企业海外投资的涉外合作机构。积极发挥商协会组织作为官方与民间联系的纽带，大力支持各种海外行业协会、国别投资商会等提供境外投资服务。支持涉外机构加大海外人员派遣力度，在重点合作国家设立分支服务机构，为企业提供海外投资信息搜集、热点研讨和企业咨询等各类服务。支持相关商协会组织发挥同行约束作用，探索通过停止服务、劝告退会、开除会籍等手段，规范企业海外经济行为。

第二，加大对国内境外投资研究机构和专家资源的统筹整合力度。增大对境外投资相关科研经费投入力度，加强对国际性重大问题或突发性事件的深度研究，推动相关国别研究走深走实，建立服务企业境外投资的综合性信息服务平台。探索建立基于大数据的国家级国别信息跟踪和共享平台，强化海外投资项目风险监测和企业海外利益保护等功能，为企业提供更多的信息支持。

总结起来，构建"三位一体"的对外投资综合服务体系，需要整合各方资源力量，凝聚共识与合力，提升战略谋划、整体部署、衔接沟通和信息采集等能力，探索搭建政府管理部门、专业性机构、其他各类机构与对外投资企业的交流平台，深化对相关问题的深入研讨交流，持续提高对国际形势和东道国国情变化的应对能力，促进国际国内利益融合和短中长利益协调，以更高合作水平、更高投入效益、更高供给质量、更高发展韧性，实现以高质量境外投资合作更好服务构建双循环新发展格局。

小　结

适应世界格局的深刻复杂变化，立足新发展阶段，贯彻新发展理念，现阶段中国企业对外投资面临的内外部形势空前复杂。经过 30 多年的发展，国内对外投资管理体系不断完善，实现从审批制向核准制再向备案制的转变，更加尊重并不断扩大企业自主权。在此过程中，参与国际规则制定，不仅对国家来说至关重要，对企业更是利益攸关。以更建设性和互惠互利的方式，积极参与相关国际规则和标准的制定，是新时代推动高水平对外投资的客观要求。对照日本经验，当前中国正好处于加快构建和完善对外投资综合服务体系的关键阶段。建立中国特色的"三位一体"境外投资综合服务体系，有利于发挥政府机构、专业服务机构和其他各类机构协同优势，强化境外风险防控和海外利益保护，整合资源形成合力，实现推动对外投资提质增效，拓展中国海外经济新空间，更好服务构建双循环新发展格局。

思　考

1．我国对外投资管理体制改革经历了怎样的演进过程？

2．中国参与国际规则和标准制定的进展如何？面临哪些机遇和挑战？

3．日本对外投资发展历程对我国的启示有哪些？

4．当前国内对外投资服务水平如何？主要存在哪些问题？

5．中国特色的"三位一体"境外投资服务体系的具体内涵是什么？

后记

————

　　我在美国访学时，同学中有一位是来自某长期处于战乱的国家大部落首领的儿子。他比较沉默，终日眉头紧锁，平时不爱多说话。唯一的一次慷慨陈词，是在一个专题演示中向我们介绍他的祖国。他展示了许多该国战争前的图片。其中，有一张照片拍摄于20世纪70年代的首都街头——在充满历史文化感的城市街道上，一群穿着超短裙、高跟鞋的摩登女孩们结伴而行，青春靓丽，笑靥如花，令我至今记忆犹新。他悲痛地说，陷入战乱至今30多年来，他的祖国似乎总是与无尽的战争、混乱和恐怖分子联系在一起。谁还记得曾经的繁华呢？

　　这位同学的悲伤深深触动了我。该国在20世纪70年代末开始陷入战乱，与中国启动改革开放几乎是同一时间。我们接近同龄，都是80年代生人。一个经历的是长期和平下国内经济蓬勃发展，人民安居乐业，国家走向繁荣富强，另一个面对的是长期战乱下国内经济崩溃，恐怖主义盛行，人民流离失所，国家前途迷茫。两相对比，国家前途命运与个人发展境遇的关联，就以这种饱含冲击力的方式，赤裸裸地呈现在我的面前。

这个亲身经历让我深刻地感受到，从更宏伟的时代大势看，个人的得失荣辱，一定是与国家和民族的前途命运紧密捆绑在一起的。对我们这一代人，生于和平、长于和平的人生经历，很容易丧失危机感。但是，世界其实从来都不太平，战争、贫穷、落后的阴霾一直存在。中国的发展已经成为推动世界和平、发展和进步的重要力量。展望未来，在中华民族伟大复兴的历史进程中，越来越多走出国门的中国企业，将成为中国和平发展理念的传播者，带着中国式现代化的经验和智慧走向全球。

也是受此影响，访学归国后不久，我就逐渐开始聚焦研究中国企业对外投资问题，至今已七年有余。最初的出发点就是希望能紧跟形势，将自身研究与时代大势进行深度捆绑，在深入了解真实的外部世界的同时，探索中国与世界各国实现互利共赢、共同发展的可行性道路。后来，与各式各样走出去的中国企业交流得多了，经常感动于中国企业海外拓荒的精神和勇气，在企业家们起伏跌宕、峰回路转的故事中愈发沉迷。

这么多精彩的故事，若得机会能与人分享，更是难得的机缘。2021 年，在友人提议下，我开始了这本书的写作。说实话，这些年对中国企业对外投资的具体问题研究比较多。但是，写作这本书要求我从诸多具体问题中抽离出来，站在更加宏观和纵深的视角来进行思考。对外投资对中国发展的意义到底是什么？中国企业走出国门的动机、进展和成效究竟如何？过程中，我开始将多年研究积累进行拼接，试图完成一幅相对生动完整的中国企业对外投资画像。

读博士的时候，行至艰难处，我总是拿王国维的人生三重境界来激励自己。后来，进入中国对外开放政策研究领域，尤其聚焦深入开展对外投资研究时，又时有同感。如能从"昨夜西风凋碧树，独上高楼，望尽天涯路"，到"衣带渐宽终不悔，为伊消得人憔悴"，再到"众里寻他千百度，蓦然回首，那人却在，灯火阑珊处"，这本是人生莫大的福分。

文章千古事，得失寸心知！未来30年，将是中国对外投资发展更加精彩纷呈的时期。对此，我是一个顽强的乐观主义者。所谓一腔宏愿，常怀赤子之心。惟愿以手中之笔，紧跟时代脉搏，记下此时此地所见所闻所感，致敬这个伟大的时代。若得机会，还能够为国家为企业做些事情，更是难得的幸福。

在本书即将付梓之际，感谢多年来家人的陪伴、朋友的鼓励和同事的帮助。感谢研究导师的谆谆教诲和单位领导的悉心指导。感谢师友们对本书内容提出的宝贵意见。也感谢出版社编辑老师的敦促和建议。这个致谢名单太长，心中的感激之情难以言表。谨以本书献给你们，与诸君共飨这波澜壮阔的时代。

嘤其鸣矣，求其友声。欢迎与我交流！